大数据时代高校图书馆管理与服务创新发展研究

张璐◎著

中国商业出版社

图书在版编目（CIP）数据

大数据时代高校图书馆管理与服务创新发展研究 / 张璐著. -- 北京 : 中国商业出版社, 2023.1

ISBN 978-7-5208-2042-4

Ⅰ. ①大… Ⅱ. ①张… Ⅲ. ①院校图书馆 – 图书馆管理 – 研究②院校图书馆 – 读者服务 – 研究 Ⅳ. ①G258.6

中国版本图书馆CIP数据核字(2022)第065418号

责任编辑：聂立芳
策划编辑：张　盈

中国商业出版社出版发行
(www.zgsycb.com　10053　北京广安门内报国寺1号)
总编室：010-63180647　编辑室：010-63033100
发行部：010-83120835/8286
新华书店经销
武汉新鸿业印务有限公司印刷

*

710毫米×1000毫米　16开　12.75印张　187千字
2023年1月第1版　2023年1月第1次印刷
定价: 59.00元

* * * *

（如有印装质量问题可更换）

前言

在大数据环境下，信息的供需关系及供需条件发生了变化，信息生产及信息服务向现代化、产业化、网络化方向发展。人们的信息需求也出现多样化，信息的生产、存储、使用与消费发生了翻天覆地的变化。高校图书馆作为高校的文献信息保障中心，当然也受到了网络环境的深刻影响。传统的高校图书馆是由馆舍和藏书构成的封闭的物理空间，但是网络环境使高校图书馆打破了这种空间，在服务手段、服务模式、服务内容等方面都发生了巨大变化。作为高校图书馆人，我们应该清醒地认识到，现代信息技术在给高校图书馆带来飞速发展的同时，也使高校图书馆面临着更加严峻的挑战。进入信息技术时代，高校图书馆的生存环境发生了巨大变化，高校图书馆正在逐渐失去以往的信息中心的地位，高校图书馆被边缘化的趋势日益凸显。

知识经济的兴起，信息时代的到来，将从根本上改变人类社会的生产方式、工作方式、学习方式、生活方式及思维方式，创新与终身学习将是社会发展的主题。对于传统类型的图书馆来说，要想跟上时代前进的步伐，就必须根据自身特点不断创新，并找准自己的方位，谋求新的发展。信息技术、数字技术、网络技术的飞速发展，对图书馆的存在形态和管理模式产生了巨大的影响，数字时代将是传统图书馆、数字图书馆并存互补的时代。

本书共分五个章节：第一章节内容为导论，分别从研究背景、研究目的与意义、文献综述三方面展开全面论述；第二章对大数据与高校图书馆展开介绍，包含了大数据技术概述、高校图书馆管理概述、大数据时代高校图书馆面临的挑战三个方面；第三章为大数据时代高校图书馆管理创新发展，主要介绍了高校图书馆管理创新理念、高校图书馆人力资源管理创新、高校图书馆信息资源整合三个方面；第四章介绍的是大数据时代高校图书馆服务创新发展，其中包括了高校图书馆服务创新的理论基础、高校图书馆服务创新的模式、高校图书馆服务创新的类型三个方面；第五章主要介绍高校图书馆管理与服务创新实践案例。

在撰写本书的过程中，作者得到了许多专家学者的帮助和指导，参考了大量的专家撰写的学术文献，在此表示真诚的感谢。总体上来说，本书内容系统全面，论述条理清晰、深入浅出，但由于作者水平有限，书中难免会有疏漏之处，希望广大同行予以指正。

作者

2021 年 11 月

Contents | 目录

第一章

导 论

本章分别从研究背景、研究目的与意义、文献综述三方面全面概括大数据与图书馆的关系。

第一节 研究背景

伴随移动互联网的高速发展，微信、微博、音视频等信息发布方式的多样化，信息发布速度更快、更方便，信息增长速度也随之加快。将全球数据汇总构成一个数量级非常大的数据集，这标志着人类进入了大数据时代。大数据时代下人们从海量的数据中获取信息变得更加方便。然而，获得有价值的信息仍然需要一些时间和精力。高校三大支柱之一的高校图书馆是高校师生获取信息的主要场所，其有义务向用户提供用户需要的信息。如何从海量数据中获取有价值的信息并将资源可视化地提供给用户，成为大数据时代下高校图书馆信息服务的发展方向。

随着计算机、通信、存储和网络等高端技术的飞速发展和有机结合，数字信息广泛存在于人们身边。数字信息和其他格式的信息一样，都存在一个生命周期，并将在这个生命周期中处于活动状态。数字信息的生命周期包括：生产、储存、分析、传播、修改、创新和再生产。数字图书馆中包含的电子图书、图片、音像资料、光盘等媒体数字化的信息资源十分丰富，是一个高水平的服务技术平台，为用户提供方便快捷的信息智能检索、信息推送、移动服务等。数字技术使人们获取知识更加方便、丰富多彩，使人类获取信息的方式产生了革命性的改变。几十年来，计算机技术、网络存储技术、通信技术发展迅速，它们的发展催生了更多的数字信息，现在，人们已经被数字信息所包围。正是由于这种数字信息的广泛存在，人们获取信息的方式也发生了巨大的变化。人们不再满足于从书本上获取信息，而是随时随地从网络上获取电子信息。由于互联网上的信息量巨大，因此如何获取更加及时准确、更加广泛有用的信息越来越成为人们关注的问题。

第二节　研究目的与意义

随着互联网、智能手机和移动图书馆的普及，用户可以更加方便快捷地获取各种信息。同时，它还产生更多的非结构化或半结构化的用户数据，这使得数据增长迅速。云计算和互联网社交网络等新兴技术的发展为大数据提供了数据源，并使数据呈现爆炸式增长。面对大数据时代数据的快速增长，如何在大数据环境下为用户提供快速、有用的信息服务成为一个难题。本书就高校图书馆如何在大数据环境下为用户提供信息服务提出了建议。首先要全面收集高校图书馆的大数据，其次从收集的数据中分析大数据与高校图书馆的关系，找出大数据在高校图书馆信息服务中应用的契合点，构建基于大数据的高校图书馆管理与信息服务体系。

第三节　文献综述

一、关于高校图书馆的学科服务的研究

（一）国外文献综述

1. 国外高校图书馆的学科馆员职责

美国康奈尔大学的学科馆员，首先要了解馆藏资源及院系文献的分布

和本学科的发展前景，根据资源与发展前景及所拨经费制订本学期的书刊采购计划。任何一个馆员都可以参与咨询，特别是对口学科服务的深层化咨询。为此，图书馆编写了学科指南。学科指南中叙述了各学科的主要文献参考资料及其如何在研究中使用，并讲解了图书馆在学科服务中的主要工作，给予用户各学科馆员的联系方式，以便在学科服务中，解答用户有关的各种问题。学科馆员与教师共同承担了有关学科的教学培训，共同授课、共同举办讲座、共同迎新。学科馆员参加院系会议，参加教师午餐会，参与举办院系咨询平台，以及在校园网建立学科网页链接。

英国约克大学把学科服务的团队进行细分，建立了三种学科团队，即学科联系团队、教学及学习团队与科研支撑团队。在学科联系团队方面，学科团队成为院系与图书馆之间的联系纽带，负责信息培训、解答咨询、接受读者反馈意见，并以此对学科服务效果进行评估，进行学科资源导航及馆藏资源建设等。在教学及学习团队方面，学科团队给教学与学习提供支撑，进行嵌入式教学服务、一对一的对口服务，用 HTML 教学软件，在建立教学数据库的同时，还通过谷歌平台进行远程教学；在用户出现问题时，提供有针对性的信息指导，根据用户需求，获取解决方法。在科研支撑团队方面，从研究立项到研究过程，学科团队自始至终进行开放式学科服务，培养与培训用户的版权意识，研究数据的流通过程管理，对文献资料及时提供服务及在研究过程中进行各种培训。

新加坡南洋理工大学要求每个学科馆员联系与服务于一个专业，比如计算机科学、设计与媒体学、英语文学、经济学、艺术类等。实行“双角色”制度，即除了当某一个学科的专业馆员外，还兼职进行采编、学术交流讨论、宣传和数据化处理等工作。在校园网中的学科管理栏目，还明确地将馆员的个人照片与履历、联系的学科名称、联系方式、主要工作职责、联系网站、主要学科研究成果列表公布。

2. 富有特色的图书馆学科馆员制度

美国康奈尔大学，按实际上的工作决定学科馆员的称呼，这样称呼就不会随着馆员的实际分工而变化。例如，图书馆负责物理与天文学科的馆员称为物理与天文馆员，而负责化学部分的就称为化学馆员。其他如参与培训的称为培训引导馆员，参与资源建设的称为书本选择馆员。每年年终，对于在学科馆员工作方面做得好的还给予奖励。

英国约克大学不在馆员名称上下功夫，而是着重于培养他们的素养与工作能力。在教学与科研各方面进行多种多样的培训，并且非常注重理论与实际的结合，非常注重实效。他们的培训分为三类：第一类为校内培训，邀请校内专家到图书馆来授课，图书馆馆员参加院系讨论与培训；第二类是根据图书馆馆员的学科细分，到有关的学科部门去实际锻炼并学以致用，增强素养与能力；第三类为校外培训，利用校外资源，根据同类院校的强项，提升本校图书馆馆员的人才资源。

新加坡南洋理工大学，从制度上制造出“南洋理工大学学科馆员框架”，明确地对图书馆学科馆员提出进行对口服务时的要求。该要求主要包括：本人所具有的学历知识水平，在学科服务方面的期望水平，如何作为绩效评审时的参考，如何自我评估，并把评估水平分成四个等级：第一级为初始级，即是什么与如何做；第二级为普通级，即有什么能力与怎样做；第三级为熟练级，即能够熟悉自如地、精确地运行图书馆的学科服务工作；第四级为专家级，对应的是已经成为学科服务方面的专家权威。一旦学科服务方面的任务下达，图书馆可立即根据教学与科研方面的轻重缓急的需要，派出人选，就可以最大限度地在学科服务方面发挥人才与人力的积极作用。

3. 学科馆员服务工作案例

美国康奈尔大学要求图书馆学科馆员要在科研进行的每一个阶段，都做出全过程、全周期的服务，包括开源语义和本体结构的 Web 工具支持、学术出版需求方面的支持及数据监管方面的支持。康奈尔大学图书馆的数字化工作是很细腻的，从建立电子馆藏，到纸本馆藏的数字化处理，再到学科数字化馆藏的建立。

英国约克大学在嵌入式学科服务上注重对学生写作能力的培养，提供在线教学，有在线视频辅导，有写作周活动，还有针对硕士生与博士生的专门培训体系。图书馆建立了网上面向教学的教学支援体系，并根据用户的反馈信息，适时制订解决方案。

新加坡南洋理工大学的特点是重点开发数字化成果储存和数字化交流知识库。

（二）国内高校图书馆的学科服务状况

1. 国内高校图书馆的学科馆员职责

中国人民高校图书馆对学科馆员有六种明确职责，即学科联络、学科资源宣传、学科资源建设、学科信息导航、学科动态跟踪与学科用户培训。既有分工，又有合作，分工不分家：既根据情况进行日常分工，又根据情况进行联系合作。在分工之中，根据个人的专业知识与特长能力在日常的学科联络中具有不同的角色，如培训所用幻灯片，有制作的，有讲解的，有宣传的，有联络的，有专职拍摄的，也有负责学科信息导航的。

上海交通高校图书馆的学科馆员服务主要设置三个学科，即人文社会科学、工科学与医农理科学。对于基础部分进行综合服务，以兼顾各个学科、承担学科服务内容为需求进行调研、院系联络、参考咨询及用户培训等。

2. 国内高校图书馆的学科馆员制度

中国人民大学在这方面规定得比较详细。其一，中国人民高校图书馆学科实施方案》中明确了工作模式、学科馆员起用条件、工作职责及学科馆员评审考核办法；其二，建立学科馆员档案，记录学科馆员日常工作及用户信息反馈；其三，提供一定资金设备支持学科馆员服务；其四，学科馆员参加学科工作研究讨论会、交流会、QQ 网上交流群、微信群等；其五，在校内外、馆内外定期对学科馆员提供学科专业培训。

上海交通大学制定了《学科服务中长期规划》，该规划中涉及学科服务的内涵、背景及意义；学科服务目标及近期远期任务；学科服务的组织安排、政策框架、队伍建设及管理办法等。还建立了读者用户—专家—馆员的互动方式。

3. 国内外高校图书馆的学科服务活动的比较

国内外高校图书馆的学科服务职责的对比（图1-1）。

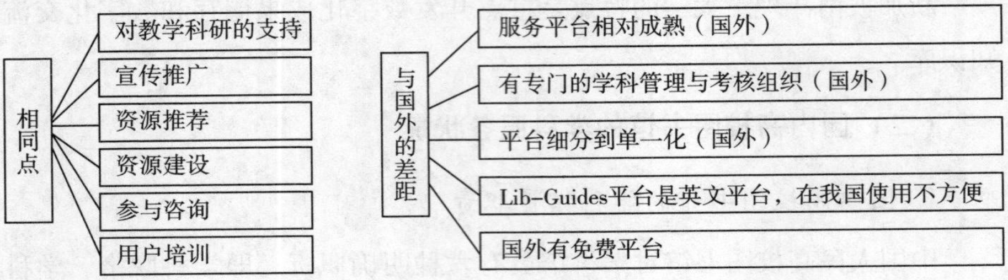

图1-1　国内外高校图书馆的学科服务职责的比较

在教学科研支持、宣传推广、资源推荐、资源建设、参考咨询与用户培训等方面，国内外高校图书馆的学科服务方式大体相同。所不同的是，国外高校图书馆的学科服务更强调对科研与教学的支持，而国内高校图书馆的学科服务更注重学科资源服务与评估分析。国外高校图书馆的学科服务平台相对成熟，而国内高校图书馆的学科服务尚无太多的服务平台支撑。国外高校图书馆的学科服务设有专门的学科考核管理组织，而国内高校图书馆的学科服务尚是兼顾式管理。国外高校图书馆的学科服务平台已经做到单一化，而国内高校图书馆的学科服务是各科兼顾。由于Lib-Guides平台来自国外，当然也是英文版的，因此在国内使用不太方便。另外，国外高校图书馆的学科服务分付费与免费两种，免费的那一部分对全体教师开放。国内高校图书馆的学科服务没有免费平台，只限于本机构内部开放。

总的来讲，相比于国外，我们还有不少差距，需要迎头赶上。

二、关于高校图书馆知识服务的研究

在国外，有关知识服务的概念主要以知识密集服务业和知识密集服务来表现。国内学者张晓林认为知识服务是一种认识和组织服务的观念，与信息服务的不同之处在于，知识服务贯穿于用户解决问题的全过程，主要表现为面向用户目标驱动、知识内容、解决方案的增值服务。[①] 董玮等认为知识服务是知识服务的供给者利用自身的专业知识储备和技能，将无规律的图书馆资源进行知识化的转变与整合，最终形成知识型或者创新型的产品和服务提供给用户的过程；[②] 李积君等认为知识服务是知识资源与知识需求之间的连接链，体现在知识分布、知识互动、知识竞争和知识创新等知识资源流动的各个环节中，主要包含四种类型的知识服务，分别为内容服务、产品服务、交流服务和方案服务。[③]

综合国内外学者的观点，我们认为，高校图书馆知识服务就是指高校图书馆利用其知识资源和专业服务优势，面向校内外用户的知识需求，依托现代先进信息技术平台，采用科学的方式方法，向用户提供知识服务的过程。

三、我国图书馆服务创新理论研究

把握图书馆服务创新理论研究总体情况的根本点在于梳理其研究脉络和主要观点，这是探究图书馆服务创新理论的首要任务，具有重要意义和价值。图书馆创新服务研究时间并不长，从 1999 年起至今才二十多年，在图书馆发展历史的长河中，只是短暂的一瞬，但对图书馆发展而言，却是值得大书的非凡岁月。这段研究进展大致分为理论起步阶段、研究展开阶段和理论与实践快速发展阶段。

（一）理论起步阶段（1999—2004）

1999 年，杨国明的论文《试论图书馆创新服务》第一次提出图书馆创新服务的概念。[④] 2000 年，初景利论述了图书馆开展观念创新、理论创新、组织创新、技术创新和服务创新的内涵、意义及实践方法，并倡导图书馆开展创新建设。[⑤] 潘志薇针对中国高等教育体制改革的不断深入，阐述了

---

① 张晓林．走向知识服务：寻找新世纪图书情报工作的生长点［J］．中国图书馆学报，2000（5）：32－37.

② 董玮，詹庆东．图书馆知识服务模式辨析［J］．图书馆学研究，2016（3）：72－79.

③ 李积君，王凤姣，龚蛟腾．知识生态视角下图书馆服务转型研究［J］．图书馆，2020（7）：73－78.

④ 杨国明．试论图书馆创新服务［J］．上海高校图书情报学刊，1999（2）：7－9.

⑤ 初景利．图书馆实施创新简论［J］．图书馆杂志，2000（7）：13－15.

高校图书馆必须推陈出新，在服务方式、服务内容与人员管理等方面进行改革创新，要创立创新服务体系。[①] 这些发轫之作的研究背景正是图书馆人最为焦虑的时期，当时“图书馆消亡论”正甚嚣尘上，世纪之交的图书馆人在思考中焦虑，在焦虑中进一步思考。古语云“穷则思变”，图书馆唯有创新，才能从困顿中走出，唯有创新，才能在网络环境下求得生存，求得发展，一系列的理论探讨就此展开。

20 多年后的今天，我们欣慰地看到，图书馆并没有消亡，而是伴随技术的进步而进步，图书馆的服务创新使图书馆化茧成蝶，实现了自我变革，从而自我拯救。让我们感谢当年这些披荆斩棘的理论探索者，在图书馆险些被关闭之时，为我们拓宽了视野，打开了创新窗口。

（二）研究展开阶段（2005—2012）

2005 年 4 月，在一次学术研讨会上，上海图书馆馆长吴建中博士指出：“开放环境下的信息共享空间已经成为现代图书馆发展的潮流。”[②] 这个发言预言了图书馆服务一个新的发展时期的到来。这个时期是我国图书馆服务大发展的时期。图书馆服务创新有了现代高新技术的大力助攻，如虎添翼，图书馆服务与空间重构迅速成为研究热点，开放存取运动和信息共享空间如火如荼。广大图书馆人主动作为、积极创新、勇于担当，充分利用网络技术和信息技术，创新服务机制，优化工作流程，拓展服务内容，延伸服务空间，特别是向发达国家学习，不断引进先进的图书馆理念和实践经验，促进图书馆服务水平的提升。柯平是这段时期最为活跃的研究者，他试图通过对服务本质的揭示来塑造现代图书馆服务的新理念。图书馆的服务对象是人，而服务的本质在于读者或用户的利用，为社会提供一种知识环境。柯平讨论了当代图书馆服务的发展走向。[③]

随着学习方式的创新、泛在服务的推进和学科服务的发展，高校图书馆将服务融入用户环境，支持用户的学习科研，开展形式多样的嵌入式服

---

① 潘志薇．高校图书馆应建立创新服务体系[J]．大学图书情报学刊，2001(1)：41－42.

② 吴建中．开放存取环境下的信息共享空间[J]．国家图书馆学刊，2005(3)：7－10.

③ 柯平．当代图书馆服务的创新趋势[J]．高校图书馆工作，2008(2)：1－7，18.

务。陈廉芳等介绍了嵌入式服务的内涵，梳理了嵌入式服务的兴起缘由，分为馆内空间、馆外空间和虚拟空间三方面论述了嵌入式服务的内容。[①]移动图书馆服务是目前受到国内外图书馆界高度重视的一种新型图书馆服务模式。高春玲通过中国和美国各排名靠前的20所高校及其公共图书馆进行比较，将这些图书馆服务的共同点以及国内外差距进行了对比及重点分析，取长补短，为我所用。[②] 云计算技术在云基础服务、SaaS（Software as a service，软件即服务）服务、云存储服务等方面，提升了数字图书馆资源建设与服务能力。王长全等揭示了云计算环境下数字图书馆进行信息资源整合的实现机制。[③]

2011年智慧图书馆正处于初始阶段，王世伟指出其在智能技术支持下能够泛在化地实现书与书、书与人、人与人的高度相连。数字化、智慧图书馆的信息技术基础是网络化和智能化，智慧图书馆的灵魂与精髓是以人为本、方便读者、绿色发展。[④] 这篇前瞻性的论文被引用次数高达319次，迄今为止仍居图书馆服务创新领域论文引用次数之冠。

（三）理论与实践快速发展阶段（2013—至今）

此阶段图书馆服务创新进一步向广度和深度进发。大数据时代，微服务理念、“互联网+”、MOOC（慕课）背景下，图书馆转型、微信学科服务平台、创客空间服务、全民阅读与推广创新、农家书屋工程等一系列新名词、新概念令人目不暇接。

在大数据时代，图书馆的核心资产是大数据，服务质量提升也需要大数据的支持，但图书馆如何进行大数据处理将成为挑战。韩翠峰论证了图书馆可通过重视用户数据与信息、增加大数据分析服务、利用数据分析技术与工具、提高图书馆服务的智能化来创新图书馆的服务。[⑤]

---

① 陈廉芳，许春漫．高校图书馆嵌入式创新服务模式探讨[J]．图书馆工作与研究，2010(8)：4-7.

② 高春玲．中美移动图书馆服务PK[J]．图书情报工作，2011，55(9)：63-66+44.

③ 王长全，艾雾．云计算环境下的数字图书馆信息资源整合与服务模式创新[J]．图书馆工作与研究，2011(1)：48-51.

④ 王世伟．未来图书馆的新模式——智慧图书馆[J]．图书馆建设，2011(12)：1-5.

⑤ 韩翠峰．大数据时代图书馆的服务创新与发展[J]．图书馆，2013(1)：121-122.

图书馆微服务理念在微博、微电影、微小说等层出不穷的微时代背景下应运而生，用户的信息需求呈现出时间零散化、内容碎片化、形式上强调互动性、信息接收方式趋于移动化的特点。刘丽萍等从图书馆服务的微动力、微方式、微内容、微态度和微组织结构五个方面提出图书馆服务应采取的创新策略，才能更好地满足微时代背景下用户的信息需求。①

“互联网+”是创新2.0下互联网发展的新业态，其核心在于创新，这对研究高校图书馆学科服务具有重要的现实意义与价值。龙斌在分析“互联网+”与高校图书馆学科服务研究现状的基础上，结合“互联网+”的内涵，探索“互联网+”对高校图书馆学科服务的促进作用，从提倡跨界融合、强化业务流程重组、重视联结一切等方面着手，制定“互联网+”背景下高校图书馆学科服务的发展策略。②

高校图书馆的传统工作是提供各类信息与知识，目前高校图书馆职能也需要不断转型和升级。创客空间自产生以来便受到了图书馆界的广泛关注，作为图书馆的一项创新性服务正在不断拓展。无论在理论研究层面，还是在实践工作方面，图书馆创客空间的发展都较为迅速。随着创客空间在国内外理论与实践上的不断发展，在这方面的学术文献数量不断增加，通过对这些文献的深入分析能够了解该领域的研究现状与主题分布情况。聂飞霞等以“中国知网数据库”为资料来源，以我国图书馆创客空间期刊论文为研究对象，利用文献计量分析法与可视化分析方法，分析了该领域的研究现状及主题变化，同时对该领域的研究意义与其在发展中产生的问题进行了研究探讨。③

陆波在对MOOC产生和影响概述的基础上，分析了MOOC环境下图书馆的角色定位与创新服务，建议图书馆在信息素养培训、课程支持、推广

---

① 刘丽萍，庞彩云．图书馆微服务研究[J]．图书馆建设，2013(4)：60-63.

② 龙斌．“互联网+”背景下高校图书馆学科服务发展策略研究[J/OL]．图书馆学刊，2018(10)：91-94.

③ 聂飞霞，罗瑞林．近五年我国图书馆创客空间发展情况和策略研究[J/OL]．图书馆建设：1-12[2019-02-14].

咨询等方面开展服务创新。① 于爱华简述了 MOOC 的起源与国内外发展情况及其对传统教育产生的影响，建议图书馆开启 MOOC 课程信息服务；加强参考咨询工作，推介 MOOC 课程；在建设信息共享空间等方面参与 MOOC，为学生提供 MOOC 学习环境；提高学科馆员的专业水平，嵌入 MOOC 服务。② 游祎的论文首先分析其对高等教育的重要影响，然后结合国外图书馆的一些实例探讨图书馆及图书馆馆员如何提供服务为 MOOC 给予支持，最后提出相应的建议。③

---

① 陆波．MOOC 环境下的图书馆角色定位与服务创新[J]．图书与情报，2014(2)：123 – 126.

② 于爱华．MOOC 时代背景下的图书馆服务模式创新研究[J]．图书馆学研究，2014(21)：81 – 85.

③ 游祎．"MOOC"环境下高校图书馆服务创新研究[J]．图书馆杂志，2014，33(6)：61 – 65.

第二章

大数据与高校图书馆

本章从大数据技术概述、高校图书馆管理概述、大数据时代高校图书馆面临的挑战三方面展开深入论述大数据时代的图书馆。

第一节 大数据技术概述

一、大数据技术及其发展

（一）大数据技术的基本概念

1. 大数据的来源与发展

到目前为止，人们对大数据还没有形成统一的概念，人们一般认为是指超过普通数据库系统处理能力的数据。大数据绝对不是新生事物，大数据的产生和发展，是伴随着信息增长而来的。特别是互联网的普及应用，使当前社会无时无刻不充斥着各种信息，从而有力地推动了大数据的快速发展，使其成为影响社会经济发展进步以及人们日常生活正常运行的重要因素。大数据发展至今，人们将大数据的来源主要分为三类：第一类是由各种数字设备产生的数据，如物联网、智能手机等；第二类是由网站用户创造出的各种信息数据，如微博、人人网等；第三类是由服务器产生的各种数据，如日志等。人们从各种数据中快速获取有价值信息的能力，就叫作大数据技术。同时大数据本身就是一种非常先进的数据分析技术，对政治、经济、文化等多个领域的发展都具有巨大的影响力。

20 世纪 80 年代，美国提出“大数据”概念，著名的未来学家阿尔文·托夫勒将其称为“第三次浪潮的华彩乐章”。2004 年以来，以 Facebook、Twitter 为代表的社交媒体相继出现，互联网成为全世界网民实时互动、交流协同的载体。2008 年 9 月，NATURE 出版了关于大数据的专刊，论文包括《大数据：数据整理》（*Bigdata*：*Data wrangling*）等；2011 年 2 月，SCIENCE 发表了《数据处理》（*Dealing with Data*）的专栏论文，对大数据的收集、处理以及产生的社会影响进行了论证；2011 年，麦肯锡公司举办第 11 届 EMC World 年度大会，主题为“云计算相遇大数据”，在报告《大数据：创新、竞争和生产力的下一个前沿》（*Big Data*：*the Next Frontier for Innovation*，*Competition*，*and Productivity*）中提出“大数据”时代已经到来，并将给社会价值观、信息技术发展等多方面带来挑战[①]。2012 年，世界经济论坛（World Economic Forum）发布《大数据、大影响：国际发展新的可能性》（*Big Data*，*Big Impact*：*New Possibility for International Development*）指出了大数据的发展为世界带来的新机遇[②]。一系列报告发布后，计算机行业引起轩然大波，EMC、惠普、IBM、微软等互联网巨头纷纷通过收购“大数据”相关厂商来实现技术整合，之后向各行各业不断渗透。

2014 年 5 月，美国发布《大数据：把握机遇，守护价值》（*Big Data*；*Seizing Opportunities*，*Preserving Values*）白皮书，对美国当前社会的大数据应用与管理的问题与建议、政府的基本框架等进行了集中阐述。2016 年 4 月，麻省理工学院推出可以实时分析展示美国政府公开数据库（Open Data）的“数据美国”在线大数据可视化工具。英国、法国、德国、日本、韩国、澳大利亚、新加坡、印度等国家亦纷纷出台一系列大数据战略和行动。

为探讨中国大数据的发展战略，2012 年 5 月，中国科学院计算技术研究所牵头举办了以“网络数据科学与工程——一门新兴的交叉学科”为主

---

① McKinsey Global Institute. Big Data：the Next Frontier for Innovation，Competition，and Productivity[EB/OL]. 2017 - 06 - 21.

② World Economic Forum. Big Data，Big Impact：New Possibility for Intermnational Development [EB/OL]. 2012 - 01 - 22.

题的香山科学会议，围绕不同领域中大数据应用的挑战、网络空间大数据科学的共性理论基础、网络空间大数据工程的良性生态环境构建等议题进行深入探讨。2013 年，国家科技部围绕信息技术前沿领域寻求基础性突破、掌握信息产业发展的核心技术、加强集成创新和应用模式创新、延拓信息技术应用尝试与广度、支撑新一代信息产业发展等重点任务，探讨了“面向大数据的先进存储结构及关键技术”“面向云端融合的新型企业计算关键技术及系统”“云计算关键技术与系统”等。2015 年 1 月，国务院发布《促进云计算创新发展，培育信息产业新业态》的指导意见，指出：“到 2020 年，云计算应用基本普及，云计算服务能力达到国际先进水平，掌握云计算关键技术，形成若干具有较强国际竞争力的云计算骨干企业。云计算信息安全监管体系和法规体系健全。大数据挖掘分析能力显著提升。云计算成为我国信息化重要形态和建设网络强国的重要支撑，推动经济社会各领域信息化水平大幅提高。”① 同年 8 月，国务院发布《促进大数据发展行动纲要》，提出要推动建设政府数据资源共享开放工程、国家大数据资源统筹发展工程、政府治理大数据工程、公共服务大数据工程、工业和新兴产业大数据工程、现代农业大数据工程、万众创新大数据工程、大数据关键技术及产品研发与产业化工程、大数据产业支撑能力提升工程、网络和大数据安全保障工程等。国家各部委、各高校、企业等对大数据的建设与研究纷纷展开。

2. 大数据的特征

大数据具有数据量大、数据处理实时性要求高、数据类型多样、数据价值密度低及数据的准确性和可信赖度五个基本特征。

（1）数据量大。随着物联网、云计算、移动互联网等信息技术的快速发展以及微信、微博、QQ 等社交网络平台的普及，用户获取和共享数据的途径更加便捷，在此过程中，用户对网页的浏览、点击以及分享造成了大量数据的产生和传播；此外，人工智能、传感器等技术的广泛使用大大

① 国务院关于促进云计算创新发展培育信息产业新业态的意见［EB/OL］. 2015 - 01 - 30.［2017 - 06 - 24］.

拓展了用户获取信息的渠道；与此同时，音频、视频、图片等多媒体信息资源的出现，进一步满足了用户期望获取到更真实可靠的数据的需求，这也促使网络空间的数据体量以爆炸式的速度急剧膨胀增加，数据处理从以GB、TB、PB为存储单位增长到以EB、ZB为存储单位。

（2）数据处理实时性要求高。在大数据、云计算、人工智能、物联网、移动互联网等现代信息技术快速发展的互联网时代，数据信息量以较快的速度不断增加，数据信息产生、获取、传递的途径更加多样便捷。为了处理快速增长的海量信息、提高数据资源开发和管理的效率，人们在大数据的处理速度和处理能力方面提出了更高的要求。网络空间的海量信息随互联网数据的不断增加和更新而不断循环，如果得不到及时的采集、存储、整理及利用，最终将失去利用价值。因此，大数据环境下，实时、持续地分析处理数据是新时代大数据资源开发和管理的必然要求。目前，随着大数据的深入发展，云计算提供用于处理密集型数据的大数据框架Hadoop，进一步提高了数据分析处理的速度和效率。同时，随着大数据的涌现，数据挖掘（知识发现）、可视化分析、聚类分析和神经网络等多种先进的大数据开发与管理技术应运而生，利用这些先进技术可对不断更新的数据进行高效、实时的动态分析，为获取最新、最有价值的知识信息提供了有效途径。

（3）数据类型多样。不断更新和升级的博客、微博、QQ、微信等社交网络平台，增加了用户沟通交流的途径，让用户对数据的获取和分享产生了强烈的意愿。同时，不断涌现和升级换代的智能手机、平板电脑等移动终端设备，携带更加方便，也促使用户产生随时随地获取网络数据信息的意愿。由于用户对网络数据需求的意愿不断增加及数据处理能力的不断提高，用户对信息的浏览方式逐渐从传统的浏览新闻、发送文字邮件到通过微信、QQ、微博等上传或下载图片、视频等，传统意义上的结构化数据已无法满足用户日常在数据方面的需求。因此，数据总量中超媒体、文本、声音、HTML等半结构化和非结构化数据急剧增加并广泛传播，半结构化和非结构化数据成为大数据的主体。

（4）数据价值密度低。海量的大数据具有巨大的知识信息和商业价值。通过对大数据进行挖掘、采集、整理和分析，人们可以从中发现数据间的联系，挖掘出高价值和潜在的知识信息。但是，由于大数据环境下的数据规模大，结构多样，来源复杂，混杂了大量混乱、虚假、无意义的数据信息，高价值的知识信息不仅数量少，而且分布极为分散，所以大数据的整体数据价值密度是非常低的，这也为进一步对数据进行挖掘、分析和处理增加了难度。此外，大数据中以非结构化数据为主的结构化、半结构化和非结构化数据并存模式，也使数据间的关联度大幅度降低。同时，与传统的数据处理不同，利用大数据挖掘和分析处理不只是为了获取某一事物的特定信息，而是为了获取事物的完整信息。若是对事物的所有数据信息进行采样，对于简单的数据难分对错，但数据关联组合所形成的信息可能正误参半。这也表明以上结论的正确性。

（5）数据的准确性和可信赖度，即数据的质量。大数据是指通过新处理模式产生的具有强洞察力、决策力和流程优化能力的海量、多样化和高增长率的信息资产。在大数据处理过程中应该重点关注数据的真实性，数据背后隐含的细节、数据来源的真实可靠性、处理数据流程中的科学性等都是数据质量的内容。在数据搜索时一般无法收集到全部数据，但是与大数据相关的形容词往往与大规模、精准、细化相关，因此在调用相关数据时应关注情景和样本的适用性。此外，虽然可以利用大数据基于一定算法和模型对变量进行相关性分析，但是在复杂模型中仅仅进行相关性解释是不全面的，需要将数据之间、数据与真实事件联系上。因此，在大数据应用过程中应强化对真假数据的清洗，提高数据的质量。

3. 大数据思维及行动方式

大数据时代，计算模式发生巨大变化，非结构化数据及分析需求，将改变 IT 系统的升级方式，即从简单增量到架构变化，引发对大数据思维的思考。如果互联网思维具有加速信息交流和改变信息传输的作用，那么大数据思维就应该具有激活数据价值和释放数据潜能的作用。大数据思维可以概括为整体性（数据价值分析需要以所有样本而非抽样样本进行决策）、动态性（采用动态观点在同一时间从多角度考虑问题）、相关性（通过数据重组、扩展和再利用，开拓新领域和新价值）等。面对大数据的发展，我们身处其中的思维模式和方式也要发生变化。

（1）思维要敏捷化。工业时代以文字书籍为载体进行信息传播，而当下的数据由原来的静态数据转化为随时随地采集的动态数据，通过云存储和云计算等技术手段，实现快速处理和分析。大数据时代的“信息爆炸”对思维主体——人类，提出了极大的挑战，如何根据数据的即时动态信息进行数据的控制和协调，抓住“大数据机会”、防止“大数据混乱”，要求人思维的敏捷性也必须不断提高。

（2）借助大数据提高决策准确率。大数据的核心价值是基于海量数据所进行的趋势预测。大数据预测特别强调事物或现象之间的相关关系而非因果关系，能够克服因果，探寻传统思维模式和特定固有偏见，洞察数据中存在的深层含义。如谷歌曾在 2009 年通过对海量相关数据建模、分析，在流感暴发前正确预测出甲型 HIN1 流感传播的途径、时间和区域；沃尔玛通过调整啤酒和尿布的摆放位置大幅提高了销售额。

（3）加强个性化与智能创造。个性化与创新性是大数据时代思维方式的主要特性之一，即在思考过程中突破原有思路框架，加入个性化创造性思维，开拓新领域、提出新方案、确立新决策的思维过程，是站在“巨数据”肩膀上实现信息量增值的思维活动。人类对信息的搜索也随着物联网、云计算、社会计算和视觉技术的突破性发展而进步。现在，人们可以利用大数据系统自动搜索所有相关的信息，进而做严格的数据分析、判断和预测，大数据时代的人类思维需要从自然思维转向智能创造，不断提升机器或系统的社会计算能力和智能化创造水平。

（二）大数据处理流程

大数据处理流程涵盖了数据采集、数据预处理、数据统计分析、数据挖掘四个部分。

（1）数据采集。数据采集是大数据处理过程中最基本的部分。大数据类型多、结构杂、处理难。为了充分发挥大数据的价值，首先需要对数据源进行提取与整合，通过关联和聚合从获取的数据中提取数据关系和实体，并利用大数据技术对获取的数据关系和实体进行存储。此外，为保证数据的质量和可靠性，在提取和整合数据源信息之前，必须对数据进行清洗。目前，在传统静态数据库相关领域，数据抽取和集成技术的研究已趋于成熟。从数据集成模型的角度看，常见的数据抽取和集成技术一般可分为四种类型：基于数据流的引擎；基于 ETL 或物化的引擎；基于中间件或联邦数据库的引擎；基于搜索引擎的方法。

（2）数据预处理。为了有效地分析、挖掘和处理海量数据，必须对存在的大量数据源、数据库中的数据进行数据预处理。数据预处理需要将从数据信息源收集到的数据导入相对集中的大型分布式数据库或分布式存储集群中，同时，为提高数据的可信性和可解释性，有必要对导入的数据进行预处理。

数据预处理的一般步骤分为数据清洗、数据集成、数据归约和数据变换。数据清洗是指通过补充缺失值、光滑噪声数据、识别或删除离群点，并且解决数据不一致性带来的问题以此对数据进行清洗。数据集成表示的是同一概念的属性在不同数据库中可能是不同的名称，由此导致不一致性和冗余。数据归约是将得到的数据集合简化表示，使得数据集合变小但是能够产生相同的分析结果。数据归约策略包括数据归约和维归约；数据归约是使用参数模型或非参数模型，使用较小的表示数据；维归约是使用数据编码的方案，将得到的初始数据进行简化或者“压缩”表达。数据变换包含规范化、数据离散化和概念分层产生等。

（3）数据统计分析。数据统计分析是大数据处理流程中最重要的组成部分和处理过程。数据统计分析是指通过有目的、有组织地收集和分析数据，使之成为信息的过程。数据统计分析的目的是从海量且无序的数据中将信息集中和提炼出来，以此找出研究对象的内在规律和发展特征：数据价值只能通过对原始数据进行全面系统深入的关联分析，才有可能被挖掘出来。大数据时代，数据统计分析面临着新的挑战：一是由于大数据环境下数据资源量大且价值密度低，挖掘有效数据信息的难度较大；二是大数据的重要特征之一是数据是实时更新变化的，因而算法的标准不仅是对准确度有要求，更应该将实时性纳入大数据算法的考虑范畴；三是分析结果的有效性和实用性是数据统计分析面临的重要问题。上述挑战对现代统计分析技术和方法提出了更高的要求，面对结构多样、内容复杂的数据，机器学习、统计分析、数据挖掘等传统的分析技术需要更新内容才能应对新的挑战。

（4）数据挖掘。数据挖掘是从大量数据中挖掘有趣模式和知识的一个过程，是大数据处理流程中的关键环节。数据挖掘与数据分析的不同之处在于不需要预先设定研究主题，而是通过各种算法，深入计算和分析收集到的数据，从大量数据中寻找其发展规律，以期得到预期的效果，满足高级分析的特定需要，主要包括数据准备、寻找规律和表示规律三个步骤。数据准备是将所选取的数据进行整合形成数据集合；寻找规律是指通过某些方法找出数据集合中隐含的规律；表示规律是指尽最大可能将找出的规律以用户可以理解的方式表示出来。数据挖掘过程中的数据量较大且挖掘算法较为复杂是数据挖掘面临的巨大挑战，同时建立模型也是一个复杂的过程，需要辨别不同模型的适应性。

二、大数据的战略意义

大数据的战略意义不在于掌握庞大的数据信息，而在于对这些数据信息进行专业化处理。假如把大数据看成一个产业，那么这个产业获取利润的关键就在于它的加工能力与水平。也就是说，它是通过加工来获得利润的。

随着云时代的来临，大数据得到了人们越来越多的关注。它通常用来形容一家公司创造的非结构化及半结构化数据，把这些数据下载到相关的数据库中以后用于分析会花费太多的时间与金钱。而如果使用云计算平台把这些各自为政的、成百上千的公司合理分配进行计算，既避免了各自的不必要的重复计算，还会返还计算结果给各家公司分享，则每家公司所花费的时间和金钱就会大大节约了。

当然，这里的计算或运算，不是通常所指的加减乘除，而是包括通信、电话、电视、计算器、声音、照相、工业采矿、下载等在内的计算机所能进行的各种运算（图2-1）。大数据的实践包括个人大数据、企业大数据、政府大数据和互联网大数据；大数据的理论包括大数据的特征、价值、未来和隐私；大数据的技术则包括云计算、分布式处理平台、存储技术和感知技术（传感器技术）。如图2-2所示。

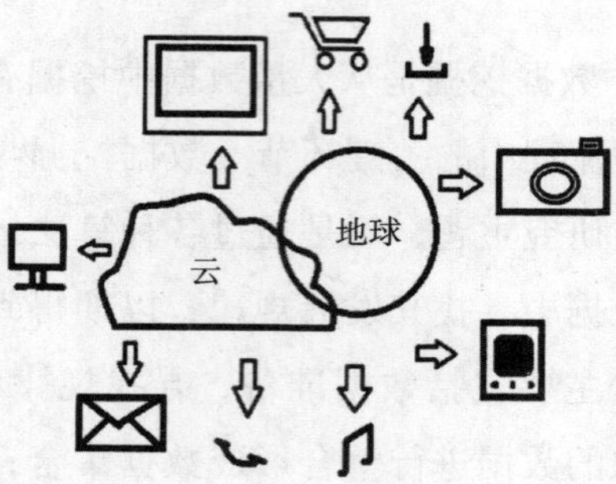

图2-1　云计算示意图

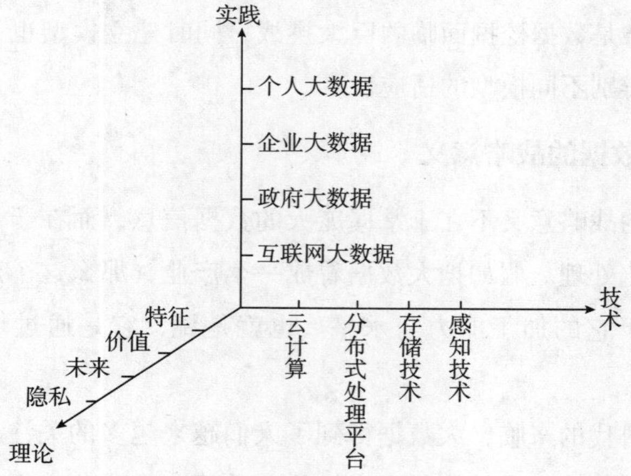

图2-2　大数据的理论、技术与实践

随着大数据涉及的数据量的增大，过去一般用到GB，现在常用到TB、PB、EB、ZB等。在这里要说一下容量单位。容量的最小单位为比特bit（bite），次小单位为字节B（Byte）。1B = 8bit，1KB = 1024B，1MB = 1024KB，1GB = 1024MB，1TB = 1024GB，1PB = 1024TB，1EB = 1024PB，

1ZB = 1024EB，1YB = 1024ZB，1BB = 1024YB，lGeB = 1024BB。

从微观角度来讲，图书馆在高校教学中发挥着不可忽视的作用，而随着网络信息技术的不断发展，图书馆的服务也有了更为完善的技术支撑，这也在一定程度上促进了大流通服务模式的形成和应用。大数据背景下，读者可以将学校图书馆作为一个大型的空间，在这个空间内可以实现查阅、借书、阅读等一系列的功能。这不仅有效地提高了学校图书馆的服务效率，提升了服务的效果，而且促进了各项服务的有效融合，有利于学校图书馆转变传统的服务方式，优化各类管理工作，促进图书馆更加全面地发展。

大数据背景下，学校图书馆流通部实现了对资源的有效融合，不仅能够实现纸质文献与电子文献信息的互动，而且广大的读者可以个性化地获得图书信息资源，了解图书馆的概况，满足了图书馆资源服务的多元化发展趋势。同时，大数据环境下，有助于读者个性化地掌握图书资源的供给应用时间，可以满足读者对图书资源的阅读偏好。

三、大数据的未来趋势

（一）数据资源获取途径的进展

无论是银行吸储、教育招生，还是商业机构的招揽顾客，都需要利用大数据。因为大数据引起的官司与法律问题也日益明显，数据资源的争夺越来越激烈。

（二）与云计算的互相促进

大数据与云计算互相依存、互相促进，构成深度的紧密结合，共同发展壮大（图2－3）。

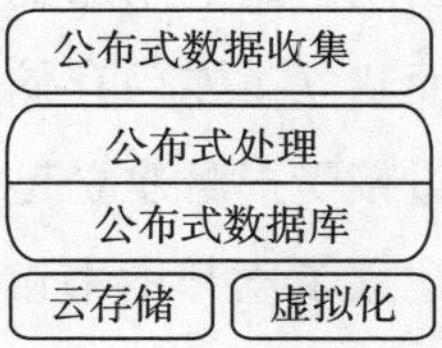

图2－3　大数据与云计算的关系

（三）大数据必然促进科学的进步与发展

大数据与云计算结合以后，在运算理论、运算方法、运算技术上更进一步，更节约时间、节约成本、减少重复运算，更加合理分配各节点计算机工作量。特别是在人工智能、机器处理、传感器技术等方面都有广阔的发展前景。

（四）数据的安全与保密技术更加重要

宏大的数据获得及其私密性变得日益重要。每一家公司都会面临商业竞争者的数据攻击，因此必须注意数据的安全。50%的全球500强企业将会出现首席信息安全官这一重要职位。在数据创建之初及创建过程中，安全及保密工作变得十分关键。

第二节　高校图书馆管理概述

一、高校图书馆概述

（一）高校图书馆的产生

高校图书馆是随着大学的出现而产生的。12世纪末，西欧一些主要国家建立了现代意义上的大学。然而，在大学诞生之初并没有图书馆。当时，教师授课所使用的书籍都是教师的私人书籍，学生也主要通过购买或借阅获得学习书籍。随着社会与教学模式的不断发展，高校规模的不断扩大，师生对图书的需求量也在不断增加。因此，在教师和学生使用书籍的过程中，除了借书之外，还出现了赠送书籍的方式。高校通过赠书的方式获得了一定数量的文献，从而建立了专门存储书籍的高校图书馆。西方一些著名大学的图书馆就是通过接受捐赠建立起来的。例如，在1257年，法国教父索邦向巴黎大学捐赠建立了索邦图书馆，并捐献了自己的藏书。此后，德、意、英、西班牙等国学者也陆续捐款、赠书，使索邦图书馆成为巴黎大学最重要的图书馆。英国牛津大学的图书馆也是依靠书籍的捐赠建立的。其主要的捐赠者有托马斯·博德利和理查德·伯里，其中，理查德·伯里还凭借向牛津大学捐赠图书，而被人们称为“高校图书馆的先驱”。在建立高校图书馆的过程中，除了接受赠书外，高校还会接受个人、团体或国家资金的资助，以扩大高校图书馆的藏书量。15 世纪末 16 世纪初，随着印刷书籍的发展，高校图书馆也得到了迅速发展。到了 19 世纪，高校图书馆在图书馆和大学教育事业中得到了广泛的认可和重视。高校图书馆与高校的关系越来越密切。人们甚至称高校图书馆为高校的“心脏”。随着计算机技术等现代科学技术的发展和应用，高校图书馆的发展进入了一个新的阶段。一些世界一流的高校图书馆已经逐步建立起来，如美国的哈佛大学图书馆。

（二）传统高校图书馆的特点

1. 资源建设特点

（1）文献以纸质印刷文献为主。高校图书馆注重收集与教学课程相关的专业文献信息资源，对业余和课外阅读文献信息资源采取选择性收集方式，电子资源和光盘文献较少。

（2）藏书丰富且十分专业。高校图书馆的藏书数量通常是十分丰富的，为了专业建设和科学研究，其藏书也体现出专业化的特点。此外，出于教学目的，高校图书馆还拥有大量的教学参考书。

（3）以征订为文献采购的主要方式。传统高校图书馆通常以订阅为主要购书方式，即通过对新书目录的分析，选择需要购买的图书。此外，传统高校还参加各种书展和购书。高校图书馆传统的文献采购方式往往耗费大量人力物力，流程烦琐。

（4）文献资源老化且利用率不足。由于传统高校图书馆以新书的订购和购买为文献资源建设的主要方式，在经费的限制下，许多高校图书馆以主题图书为主，存在重复收藏、少收藏、缺收藏等问题。文献资源的逐渐老化降低了图书馆的文献保障率。

传统高校图书馆由于对现代科学技术利用不充分，导致了文献资源质量不稳定。通过长期的实践证明，高校图书馆增加文献资源数量并不能有效提高图书馆文献资源的利用率。例如，教师和学生不满足于各种文献需求，导致他们远离本校的图书馆；图书馆资源利用率低导致资源浪费等。

2. 读者特点

传统高校图书馆以教师和学生为主要服务对象。因此，传统高校图书馆的读者需求与高校教学工作的特点密切相关。高校教学工作的主要目的是培养学生系统的知识和技能，使高校教学在专业、课程等方面具有一定的稳定性。此外，受高校教学工作特点的影响，高校图书馆读者也有稳定的需求，这主要体现在读者对高等数学等核心专业课程教学参考书的稳定需求上，如英语、高等数学等各种专业课程的工具书和参考书。

3. 服务特点

（1）服务方式被动。传统高校图书馆提供的基本服务包括导读、借阅书刊、参考咨询等，服务范围主要集中在图书馆内部，图书馆的服务受到购书资金、技术设备、管理机制以及员工专业水平等多种因素的限制。图书馆通常采取读者独立自主地进入图书馆的被动服务模式，长期的被动服务使得传统高校图书馆的服务缺乏主动性。

（2）文献管理方式落后。手工操作方式是目前我国大多数传统高校图书馆的工作方式，工作内容琐碎且劳动强度大，如书刊的入库、管理、编目、排架、采访、加工等的文献管理方式在很大程度上制约了开展高层次服务。

（3）服务对象单一且服务范围狭窄。由于图书采购资金有限，在资源采购过程中，高校图书馆通常优先考虑与学校教学科研需求相关的资源，从而导致图书馆的馆藏不能完全满足读者的需求；大多数高校图书馆只对老师和学生开放，在发展过程中，受到高校管理体制的严格限制，与社会联系较少，使得高校图书馆长期处于相对封闭的状态。

（4）服务层次和水平偏低。由于传统高校图书馆受自身观念和技术上的限制，图书馆很少会对文献信息进行加工，因此只能有效解决读者的咨询问题而无法进行深层次服务。

（三）传统高校图书馆的组织结构

1. 馆长办公室

馆长办公室是整个高校图书馆的最高决策机构，是高校图书馆馆长的办公场所。馆长办公室的主要职能有以下九个方面：

（1）主持制订图书馆的阶段工作计划、发展规划等在内的图书馆的整体工作；

（2）负责详细制定规划图书馆的馆藏建设、经费使用等；

（3）对图书馆的馆员队伍进行任免、培训、调整、考评等；

（4）负责制定和完善图书馆各项规章制度；

（5）负责与图书馆相关的行政事务的开展；

（6）负责领导图书馆委员会，并主持重大事项的研讨与决策；

（7）负责协调下属各部门工作；

（8）负责上级主管部门的工作落实以及汇报工作情况；

（9）负责校外团体的访问接待工作。

2. 图书情报委员会

图书情报委员会是高校图书馆的一个重要部门，主要负责高校图书情报工作的顾问、咨询和协调工作。图书情报委员会成员主要由具有相关工作经验的领导和相关教学科研人员组成。

图书情报委员会的职责包括审查图书馆年度工作计划，反映师生、有关领导和工作人员对图书馆发展和工作的意见和要求，讨论与图书情报工作有关的重大问题，为改进和完善高校图书情报工作提出意见和建议。

3. 采访部

采访部是负责高校图书馆文献资源建设的部门，包括文献资源的选择、采购、交换和验收。对于采访部来说，在馆藏文献建设过程中，必须根据学校的发展和科研情况，结合资金情况，采购合适的文献，建立具有本学校特色的馆藏体系。

4. 编目部

编目部是负责高校图书馆文献资源分类、编目和订购的部门。文献资源的编目通常是按照一定的规范和标准进行的。通过编目，高校图书馆可以建立自己的馆藏编目系统，为读者提供方便。编目也是高校图书馆开展文献传递等服务的重要基础。

5. 流通部

流通部是负责高校图书馆馆藏流通的部门。具体来说，馆藏的流通包括文献的借还、馆际互借、文献宣传、文献管理等相关工作。对于馆藏文献的流通，流通部门需要制定相关政策和规范，如制定图书借阅和归还制度；处理读者在借阅文献中的逾期、损坏、丢失等行为。

6. 阅览部

阅览部是读者在图书馆阅读的部门。它通常根据文件类型或读者需求设置不同的阅览室。除阅读外，阅览部还负责宣传展示、阅读指导等工作。

7. 期刊部

期刊部是高校图书馆中专门负责期刊的采购、管理、阅读等相关工作的部门。一些高校图书馆没有单独设置期刊部，而是将其划归负责期刊工作的相关部门。

（四）智慧图书馆

1. 智慧图书馆的定义

关于智慧图书馆的定义，不同学者有不同看法，目前主要分为两类。一类认为是智慧化的复合型图书馆，另一类认为是数字图书馆的智慧化升级。本书参考重庆大学图书馆杨新涯馆长关于智慧图书馆理论与实践研究中的定义，即智慧图书馆是利用数字化、网络化、大数据和人工智能等新技术，充分整合文献元数据和运行数据，有效提升图书馆能力，构建基于互联网的共享服务体系，实现精准化、个性化和智能化文献管理和服务的新型图书馆。以此定义和相关理论研究为基础，为新型文献情报服务的界定提供重要指导和参考。基于这一定义，智慧图书馆在发展和建设中还应具备多元感知、合作共享、智能决策、知识整合、人性化交互、精准与个性化等六个主要特征。其中多元感知与合作共享为智慧图书馆服务和管理提供实体环境建设和虚拟网络建设基础，智慧决策和知识融合嵌入人的智慧为智慧图书馆服务和管理提供坚实的依靠，人性化交互、精准与个性化是智慧图书馆服务和管理的展现形式，也是读者最基本的需求。

2. 智慧图书馆的核心要素

在上述定义下，智慧图书馆建设离不开技术支持、资源保障、参与人员和用户服务。首先，智慧图书馆建设离不开传感器技术、互联网技术、智能技术、RFID及条形码标识技术等，这些技术是智慧图书馆的重要实践基础；其次，智慧图书馆建设离不开核心的资源保障，包括数字资源、纸质资源、馆舍空间、设施设备等；再次，智慧图书馆建设离不开直接参与管理的馆员团队（智慧图书馆的能动主体，智慧图书馆建设的核心力量），离不开享受图书馆服务的用户群体（用户本身及其需求恰是智慧图书馆价值和功能之所在）；最后，实现图书馆与馆员、图书馆与用户、馆员与用户间的有机联系和良性互动也是智慧图书馆建设的题中应有之义。智慧图书馆的建设最终体现为满足用户需求，提升用户体验的用户服务，体现为从用户角度出发实现精细化、扁平化、个性化的智慧服务，因此，技术、资源、人员和服务是智慧图书馆建设的四项核心要素，而智慧图书馆的新型文献情报服务设计与开展也离不开这四项核心要素。

3. 智慧图书馆的关键技术

在上述定义下，智慧图书馆建设中至少有以下四项关键技术：物联网、大数据、人工智能和增强现实技术。这些技术保障了智慧图书馆的建设，也是新型文献情报服务得以实现的重要技术基础。

（1）物联网是指通过射频识别装置RFID、二维码识读设备、全球定位系统、激光扫描器及红外感应器等信息传感设备，实时收集各种需要的信息，如任何需要监控、连接和交互的对象或过程，并与互联网结合形成一个庞大的网络。它实现了对象之间、对象与人、所有对象与网络的连接，便于识别、定位、跟踪、管理和控制，迎合了高校智慧图书馆的建设目标，即实现图书馆与用户间的感知交互。如清华大学图书馆推出的借、还书短信服务、厦门大学图书馆推出的自动选位服务等都是基于物联网技术，实现了书—设备、书—书、书—读者的互联互通。物联网将成为智慧图书馆从理论研究走向实践探索的关键技术之一，也是新型文献情报服务中实现与用户感知交互的重要技术支持。

（2）大数据是以多元形式存在的海量数据组，其特点是增长速度快、价值含量难以用常规技术挖掘等，与云计算等新一代信息技术密不可分。在数据驱动发展的时代背景下，大数据成为智慧图书馆实现分析、决策及管理优化的关键，是提供个性化、精细化和主动服务的前提。通过大数据的相关理念和技术，可以实现对图书馆资源数据如文献资源数据、运行数据、读者行为数据等的实体抽取、数据挖掘、情报计算、语义关联和绘制知识图谱，挖掘海量数据的潜在价值，提高资源的利用率，满足读者日益变化的个性化需求，保障图书馆提供智慧服务。这一技术也是文献情报服务研究包括其服务内容研究的关键技术保障。

（3）人工智能作为一门新技术科学和知识工程学，主要对机器人、语言识别、图像识别、自然语言处理和专家系统等领域进行研究。在以人工智能为代表的第四次产业革命背景下，人工智能将成为未来图书馆转型发展的关键技术。国内已有部分高校图书馆在尝试使用人工智能创新图书馆服务模式，如清华大学图书馆的人工智能参考咨询机器人“小图”、南京大学图书馆的智能盘点机器人、成都理工大学图书馆的智能机器人“成小理”等。此外，人工智能还将在智能参考咨询、机器文献综述、学者投稿智能引导、自动编目标引、短信服务、图书智能采编、智能门禁等方面大有作为，将成为推动智慧图书馆创新服务和管理的驱动力。这些服务恰好也是新型文献情报服务的发展方向。

（4）增强现实（AR）技术通过将虚拟场景投影于现实，实现用户与现实世界、虚拟世界之间的感知与反馈，提升用户使用的现实化体验。智慧图书馆在服务实践中与 AR 技术的结合，一方面将增强图书馆馆舍空间的透明度，便于用户在提升智慧体验的同时快捷地发现文献；另一方面将提升图书馆的展览服务效果，特别是特藏资源等的个性化展示，便于用户进行拓展型阅读，给用户带来全新体验，体现“智慧”所在。目前，国内部分高校图书馆在智慧图书馆建设中尝试使用AR技术并取得初步成果，如电子科技大学、湖南大学和清华大学等几十家大学图书馆，通过3D建模方式构建网上虚拟图书馆，用户可以类似打游戏一样参与导引，在新用户如新生教育方面收效明显；上海交通大学图书馆采用AR技术实现特色馆藏的虚拟展览；重庆大学图书馆利用AR技术初步实现了虚拟文库的建设，在安全保存特色资源的基础上，提高了其利用率。

二、高校图书馆管理现状

高校图书馆管理工作的难度系数相对偏高，对管理工作人员的综合素养以及管理策略理念提出了较为严格的要求。有一部分高校在图书馆管理上投入的时间不足，所持有的管理理念比较传统及机械，因此出现了许多管理问题及矛盾。

（一）没有参考大数据

在落实图书馆基础设计工作的过程中，大数据的有效参考非常关键，这一点是促进图书馆现代化运作的核心所在。有一部分高校的基础设施工作比较简单，在落实这一工作时，文化气息的分析非常关键。高校图书馆需要着眼于现阶段图书管理工作的相关要求，逐步提升管理人员的文化素养，关注对图书馆管理工作人员业务技能以及职能的深入分析。但是有一部分高校图书馆直接跳过了这一环节，没有着眼于整个信息平台的运作现状而合理利用各种互联网技术逐步提升信息技术质量及水平，没有积极参考大数据调整自身的发展模式，违背了可持续发展理念的初衷，不利于图书馆管理工作的有效改革及优化升级。

（二）信息资源利用率较低

在大数据的大环境、大背景下，网络信息技术的应用率和普及率有了明显的提升。高校可以充分彰显自身的数据优势，在参考大数据的基础上，确保资源的有效利用及整合。大部分数据信息的对外开放性比较显著，在实际应用时难以避免会存在一些问题和争议，有一部分高校忽略了对这一问题的深入分析，没有着眼于大数据的数据标识对数据资源进行有效的总结及分析，忽略了对实践策略的合理指导，因此整体的图书资源利用率相对偏低。很少有高校会结合信息资源的具体使用目标，在权威调查以及研究的同时调整自身的管理策略及管理方向。另外，在大数据快速发展的过程中，高校需要关注对信息资源优势的有效凸显以及全面建设，但是高校所投入的时间不足、力度不大，忽略了对管理创新工作的有效加强，互联网信息利用率不足，信息资源的配置效率相对偏低，无视对信息资源建设工作的有效投入以及全面优化。

（三）管理模式传统单一

高校图书馆管理工作直接关乎高校的稳定建设及发展，为了真正为学生以及教师营造良好的外部学习和教学的空间，高校需要以图书馆管理工作为切入点和突破口，加大对这一工作的投入及支持力度。其中管理模式的影响显而易见，不同管理模式的优、缺点有所不同，传统的管理模式备受诟病，难以真正践行与时俱进的发展理念，不利于各项改革工作的有效突破以及落实。有一部分高校的综合实力比较有限，没有着眼于高校图书馆大数据应用工作的相关要求创新管理策略和管理手段，仍然按照传统单一的管理模式一以贯之，最终导致管理质量和管理效率大打折扣。

（四）硬件设施跟不上

大数据的来临，不断增加的信息化、电子化的资源越来越多地出现在图书馆中，并以一种动态的方式呈现。不像以往的传统纸质资源管理更多依靠的是人工，这种电子化的资源需以要大量且完备的硬件设施为基础，以抵挡因数据激增而产生的巨大能耗和压力；且由于目前人们对于电子资源的需要不断增多，图书馆的电子平台上需承担的浏览量在成倍增加，也加剧了其硬件设施的压力；再加上譬如管理监督不到位、维修不及时等原因，导致常常出现设备崩溃、访问速度极慢、漏洞频出等问题，从而大大降低了人们利用图书馆资源的效率。

（五）缺乏大数据相关的基础配套设施

以大数据为基础的图书馆专用计算机、图书馆电子导航等基础设施在高校图书馆中的应用并不全面，通常只涉及大数据相关的一部分，虽然在一定程度上可以方便师生使用，但会出现断裂式服务的情况，即在某方面提供便利后，往下走一步时却出现了缺失，因此可能造成更烦琐的事项，违背大数据管理的理念。

三、高校图书馆传统组织结构的弊端

（一）管理层次多，对外部环境适应能力差

高校图书馆的职能组织结构是一种传统的“金字塔”式管理结构。这种层层严格的管理制度使得信息反馈渠道堵塞，信息传输速度慢，容易发生信息失真，增加了决策失误的可能性，降低了高校图书馆对外部环境的适应性，跟不上现代信息社会的发展。

（二）管理幅度小，不利于图书馆整体的改革创新

目前，图书馆管理幅度小。例如，业务流程分段管理，图书、期刊和电子资源的获取和编目，以及阅览和流通部门的独立工作，使工作人员长期从事简单重复的业务工作，人为地将各种载体文献信息的建设与服务割裂开来，不利于图书馆为读者提供优质、专业、个性化的服务等。此外，由于各部门之间缺乏合作和沟通，很容易产生部门主义。各部门只注重自己的职责，往往为了本部门的利益而不顾大局，缺乏大局观念和大局意识。这些都是网络环境下高校图书馆发展的障碍，不利于图书馆工作的改革与创新。

（三）集权管理，使工作人员缺乏积极性与主动性

由于高校图书馆管理结构的“层级性”，管理权力高度集中，工作人员对工作范围内的问题缺乏发言权和参与权，不能充分发挥工作人员的积极性和主动性。

（四）工作岗位是固定的，工作人员工作效率不高

高校图书馆各部门之间的关系是以文献为基础的。每个部门每个岗位

的人数是固定的。它的工作效率取决于文献的数量，而不是人们的主观能动性，因此，很容易造成员工工作效率低下。

四、高校图书馆组织结构变革的目标与方向

（一）高校图书馆组织结构变革的目标

高校图书馆应根据内部条件和外部环境的变化，对原有职能相同或相近的部门进行合并，取消一些不再需要的部门，增加一些新的部门以适应新的环境，从而使高校图书馆的传统组织结构转变为新的组织结构。高校图书馆组织结构改革的目标有两点，一是充分体现读者第一的理念，彻底改变目前以方便员工管理为主的局面，要将如何便捷读者放在第一位，根据读者的需求组织文献资源；为读者提供更专业、更有针对性的文献信息服务。二是充分调动馆员的积极性，改革后的高校图书馆组织结构应能调动馆员的积极性，充分挖掘馆员的潜力，使图书馆工作人员尽力而为，为读者提供优质的文献信息服务。

（二）高校图书馆组织结构变革的方向

1. 由金字塔结构变为扁平结构

传统的高校图书馆组织结构多为金字塔结构。在这种组织结构下，各部门之间缺乏横向联系，信息的传递和交换容易滞后和失真，难以满足现代图书馆的发展要求。扁平化的组织结构可以减少中间层，增加管理范围，减少信息传递的环节，方便信息的传递和沟通，增强上下级之间的直接关系；指令传输和信息反馈快速准确，减少了行动和决策之间的时间差，提高了组织感知和响应环境变化的能力；只有每个员工都直接参与决策，有发言权，有主人翁意识，才能充分发挥员工的潜能和创造力。

2. 由刚性结构变为弹性结构

传统高校图书馆的组织结构大多为刚性结构，各部门人员之间没有流动，人员相对固定，组织较为僵化。而弹性结构可以使组织将来自不同部门、具有不同知识和技能的人员集中在一个动态的工作组中，以便在不增加部门和人员的情况下完成特定任务，有效解决相对稳定的组织结构与多

变的管理任务之间的矛盾，顺利完成一些跨部门、临时性的工作。图书馆馆员不仅与其部门保持组织和业务联系，而且还参与工作组的工作。这样的组织结构可以加强部门之间的沟通与合作，有助于及时解决问题。弹性结构还可以使每个馆员根据自己的专业参加不同的工作小组，激发其工作积极性，增强责任感和荣誉感。

3. 由集权结构变为分权结构

集权结构的特点是多级管理，最高管理者（馆长）拥有最大的决策权，但其管理范围较窄。此外，由于决策的需要，各级职能部门必须逐级上报，这将导致决策时间过长。分权结构中管理者较少，决策权分配给普通员工，管理范围变广，形成扁平化结构。

4. 由粗放型管理变为专业集约化管理

优化组织结构模式，缩短馆员、读者与信息资源的距离，使读者能够同时获得多种类型的信息资源。图书馆馆员不仅是文献信息管理员，也是学科信息的导航者和学科前沿知识的提供者。高校图书馆以“让读者使用信息最方便，提供信息服务让读者更满意”为指导思想，从文献信息资源的粗放式管理转变为信息知识的专业集约化管理。这是组织结构变革的立足点和最终目标。

5. 由面向资源的信息服务转为面向用户的信息服务

高校图书馆的信息服务应“以用户为中心”为服务核心原则，创新图书馆信息服务模式，改变传统单一僵化的信息服务模式。充分认识到用户的需求是所有行动的基础，必须从面向资源的信息服务转向面向用户的信息服务，为用户提供个性化的信息服务，必然要改变高校图书馆的服务现状，找到一条新的发展道路。

五、高校图书馆组织结构变革的构想

为适应网络环境的要求，高校图书馆必须打破传统的金字塔形组织结构，按照高校图书馆组织结构改革的目标和方向，构建新的组织结构。图2－4是笔者对高校图书馆矩阵式组织结构的构想，它是在合并、增加和删除高校图书馆原有职能部门的基础上，引入矩阵式组织结构而设计的。

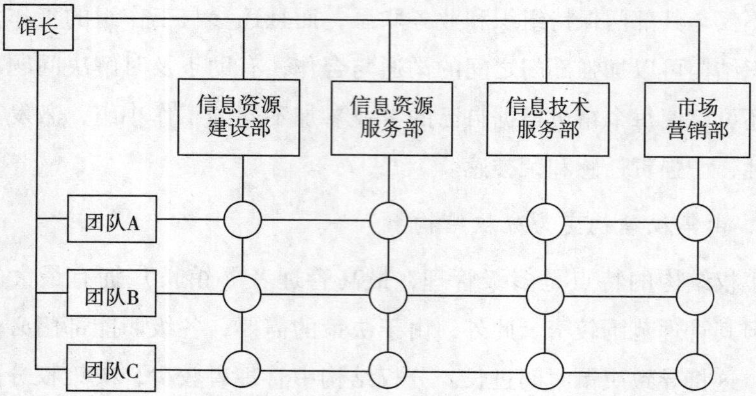

图2－4　高校图书馆矩阵式组织结构

（一）整合信息资源建设部

在传统的高校图书馆中，图书、报纸、电子资源和网络资源属于不同的部门。由于缺乏必要的沟通，各部门资源建设容易重复，不利于各类信息资源的协调发展，业务流程重复，工作效率低下。如果将图书、报纸、电子资源和网络资源建设整合到信息资源建设部，将有利于高校图书馆对各种资源进行规范，促进各种载体资源的互补，使高校图书馆更好地进行信息资源建设。

（二）组建信息资源服务部

传统高校图书馆流通部和阅览部的主要职能是负责图书和报纸的借阅服务。在网络环境下，为了方便读者使用信息资源，可以将流通部、阅读部、期刊部、参考资料部等部门的职能归集到读者服务部，由其负责提供信息资源（包括纸质资源和数字资源）服务，从而使图书馆的服务理念、服务时间和服务空间发生了重大变化，图书馆馆员从原来的图书馆书库借还者、参考咨询工作者或阅览室的管理者转变为面向全面的馆员，同时完成借还、阅读、信息检索、参考咨询等工作；将流通部、阅读部、期刊部、参考咨询部等部门合并重组为信息资源服务部，降低管理水平和中间环节，实现读者学习、借阅一站式服务，充分体现“读者第一”的服务宗旨。

（三）完善信息技术支持部

信息技术支持部的主要职责是为高校图书馆提供基本环境、技术支持、技术咨询和维护服务。其主要工作是负责高校图书馆信息环境的规划、建设和管理，以及图书馆自动化集成系统和其他应用系统的管理、维护、规划、采购、安装和维护；图书馆业务相关软件平台的研究、演示、介绍和应用，图书馆门户网站的规划、设计、制作和维护；就图书馆设备和系统的使用提供咨询服务等。

（四）创立市场营销部

高校图书馆为教学科研提供信息资源的服务在当今的网络环境下已不能满足用户的需要。能否满足用户的需求是关系到图书馆生存和发展的重大问题，并引起了图书馆界的广泛关注。虽然高校图书馆在资源建设和资源服务方面确实做了一些工作，例如在信息资源建设方面，除了传统的印刷资源外，还购买或建设了许多电子资源；在服务方面，充分利用网络信息技术，提供在线参考咨询服务，但实际上，高校图书馆的资源利用率并不高，很多数据库，尤其是外语数据库的利用率都很低，很多用户甚至不知道图书馆里有这样的资源。高校图书馆必须采取多种营销手段，积极宣传和推广自身服务，如打造品牌、提供具有自身特色的服务内容；有效利用社交媒体和手机媒体进行个性化、层次化营销；积极研究竞争对手，将竞争对手转化为合作伙伴，开展合作营销。有效的营销和优质的服务是高校图书馆未来发展的关键。

（五）组建各类团队

所谓的图书馆馆员团队就是由两个或更多人组成的服务共同体。通常，团队主要由图书馆各部门的专业人员组成，目的是解决具体问题，完成具体任务。在解决问题并完成任务后，团队即可解散。这种提高图书馆的工作效率的模式使高校图书馆能够根据内外部环境的变化迅速做出反应。此外，一人可以同时为多个团队服务，也有利于培养员工的团结协作精神，充分发挥高校图书馆的整体优势。

总体来说，高校图书馆组织结构改革既是高校和社会发展的需要，也是高校图书馆自身可持续发展的需要。高校图书馆要想在当今复杂的经济和信息环境中生存与发展，必须构建动态的组织结构，提高组织效率，从而提高高校图书馆的整体服务水平。

第三节　大数据时代高校图书馆面临的挑战

一、大数据环境下的高校图书馆

（一）大数据技术在图书馆中的应用

高校图书馆知识服务的大数据资源多种多样，既有期刊、图书和工具书等传统知识资源，也包括各种电子知识资源，如文献数据库、专题数据库、在线知识库、联机知识库等；不仅涵盖了书目信息、声像数据等结构化的知识资源，更包含了用户基本信息、访问行为及服务情况等半结构与非结构化的知识资源。

1. 馆藏知识数据资源

高校图书馆的优势在于拥有大量的馆藏资源和特藏资源。现在高校图书馆馆藏资源主要包括传统的纸质资源和现代数字化资源，其中数字化资源主要包含除图书、期刊和报纸外的纸质文献转换的数字资源、电子书、文献数据库、网络数据库、联盟知识库、联机知识库，以及各类音频、图片和视频等资源，这些资源是图书馆开展服务工作的基础。但是一般来说用户主动获取和利用的资源不多，使得大量的馆藏资源没有被充分利用，而且随着信息技术的飞速发展，用户获取知识的途径和手段也越来越丰富，这也会导致大量图书馆资源处于闲置状态。因此，在开展知识服务的过程中，通过馆藏资源数据寻找相关性、揭示规则或发现新知识是关键环节，在实践中也要从图书馆资源观和数据的维度对馆藏资源进行分析和处理。

2. 图书馆工作人员的工作数据

新时代高校图书馆数字化、网络化和自动化的工作手段，明显提高了工作效率，同时也产生了大量数据，使管理者可以掌握工作人员工作及业务处理流程。其主要涵盖图书馆工作人员在工作过程中发生和保留的数据，例如借阅信息中的预约借阅、委托借阅及馆际互借等图书馆工作人员与用户之间的交互信息，这些数据属于工作信息的一部分。一方面能够反映读者利用图书馆馆藏资源的情况；另一方面能客观反映读者的阅读倾向和阅读偏好，及时了解读者需求的变化和各类图书的供求状况，便于为用户提供个性化的知识服务。咨询信息中的图书馆工作人员对互动的信息记录，通过记录和统计功能形成了结构化的咨询交互数据。留言板、基于Web的表单、实时聊天或即时消息、电子邮件等都是图书馆大数据的一部分，从大数据的视角去考虑和分析，这些咨询信息对研究用户偏好、评估咨询质量和效果、开发咨询新业务等方面都具有重要的现实意义。采访工作是图书馆知识资源建设的基础，其过程中会产生大量由书籍供应商提供的书目数据及采购数据、入馆数据、入馆使用率等采访数据，充分利用现有的采访数据可以为后来的采访工作提供依据，也是图书馆选择书籍供应商的重要依据。因此，采访数据不仅是采访工作的着力点，而且对图书馆知识资源建设发展方向和选择最佳采购方案提供了重要的参考依据。编目数据不仅包含书目数据，还包括与编目工作相关的数据，尤其当编目工作大量外包之后，对外包编目员的管理和书目数据的质量控制就成了编目工作的重点。这些数据可以帮助管理者评估和分析外包工作的效率和质量，以便制定更加合理的人员管理和质量把控策略。

3. 用户使用图书馆的信息数据

用户在使用图书馆资源的过程中，产生了大量的数据，主要包括传感器数据、用户的网络行为数据及科学研究数据。

第一，传感器数据。图书馆内不同位置的传感器采集了各类馆内资源数据，如门禁系统储备了大量的用户进出馆信息，包括用户到馆学习、参观及参与图书馆组织的各类比赛的行为记录等。

第二，用户的网络行为数据。如搜索、点击浏览、网站以及社交网络服务（SNS）是产生用户网络行为数据的典型数据源，其数据产生量高速增长。自21世纪初期以来，大量用户交互信息在在线社交网络中产生，博客、论坛及社交媒体网站等平台成为其载体，其交互内容丰富，体现了强烈的用户情感，包含大量对图书馆服务的评价信息，为图书馆完善其服务提供了重要依据，是数据来源的主要途径。在如今的这个时代，图书馆应更加重视网络数据，倾听年轻的声音。高校网络图书馆的逐渐建立，是高校与时俱进的一大举措，学生学习可以通过便捷的网络来实现。由此，移动互联技术作为技术支撑，高校管理可以通过图书馆更加便捷地获取用户浏览数据。此外，联机公共目录查询系统（OPAC）也是图书馆大数据的重要来源之一，囊括了用户访问、检索、下载等丰富的行为记录。

第三，科学研究数据。该数据同样是图书馆大数据的重要来源之一。

在大数据环境下高校图书馆的数据环境发生了巨大的变化。大量的入馆数据以及图书借阅数据、文献数据库、在线数据库、联盟知识库等访问数据随之产生。简单的数据统计分析无法获取数据中蕴含的更有价值的信息。利用数据挖掘和可视化技术对这些大数据进行挖掘分析，可以研究图书馆个人用户及群体用户的行为特征，从复杂冗余的图书馆数据中深入挖掘用户入馆、借阅等行为背后的特征和有价值的信息，寻找其中的特点与关联，并以此为依据对改进图书馆现有功能提出实用和有效的建议，帮助高校图书馆推出更贴近用户使用习惯的管理制度，快速提升图书馆的用户体验，同时有利于高校图书馆合理配置图书资源以提高服务质量。

通过对图书馆数据的挖掘，可发现很多有价值的知识信息。如通过对图书借阅数据的分析，可以判断用户喜欢的图书类型，为用户推荐感兴趣的图书，并进一步探讨图书资源的使用现状等。对入馆数据的挖掘分析，可以了解用户入馆规律、用户关系、图书馆的使用现状等。

随着高校图书馆用户知识需求的增加和对知识服务要求的提高，高校图书馆传统的服务手段和服务方式已经很难适应用户的需求。在大数据时代，必须充分利用现代大数据技术，对自身拥有的大数据进行深度挖掘，充分满足用户的知识需求。

（二）大数据环境下高校图书馆的发展特点

1. 馆藏载体多元化，馆藏资源网络化、虚拟化

传统高校图书馆有一个馆藏资源载体，以印刷文献为主，所以一般称为馆藏建设。然而，在当今大数据时代，随着信息存储技术的飞速发展，新的存储介质如磁带、软盘、光盘等应运而生。纸上的文字成为一种可以被计算机识别的电磁信号，这样就更加容易被保存，这彻底改变了多年来单一收藏媒体的状况，从印刷型到视听型，电子媒体和其他媒体以不同的方向共存。

在大数据环境下，高校图书馆可以将地区、国家乃至世界的信息资源，与图书馆通过网络收集的各种媒体的信息资源相结合，这样就可以形成“虚拟”馆藏；收集的设计已从创建有限的物理单元转变为捕获无限的网络信息资源。基于收集的建设模式已经被基于恢复的现代信息服务系统建设模式所取代。

2. 读者利用图书馆的方式网络化、虚拟化

随着电子图书、中外文期刊数据库、网络报告厅等这类网上文献资源的增加，内容不断丰富，高校图书馆也大多与时俱进，在网络上让学生们“好好读书”。读者通过网络能够更加方便、快捷地获取文献资源，这都依赖于网络视频技术、VPN 技术、文献传递技术的进一步改进、完善。在网络的帮助之下，用户无须图书馆馆员提供协助，也不受图书馆开馆时间的限制，通过与图书馆连接的网络就可以快速、准确地获取自己所需的信息。读者到图书馆，可能只是因为需要借或还纸质文献资源，这就体现了学生能够享受到高校图书馆的文献信息资源服务。读者利用图书馆向网络化和虚拟化发展，可以随时随地获取信息。读者与图书馆馆员之间的交流与服务方式发生了变化，图书馆馆员从传统的文献资源监护人转变为信息资源管理者和媒介传播者。

3. 文献信息资源建设与服务特色化

使自己的文献信息建设与服务有特色，走特色化的发展道路，才能让

高校图书馆在信息市场中占据一席之地。一个图书馆在文献资源建设与服务方面有区别于其他馆的地方，凭借的就是文献信息建设与服务特色化，具有为用户获取个性化信息资源提供的特色服务和与众不同的、独特的、专业化的文献信息资源。只有树立品牌，在资源建设与服务方面形成特色，才能在激烈的发展竞争中处于优势地位，而且持续性地对用户有吸引力。

二、大数据时代对高校图书馆学科服务的挑战

（一）资源存储及处理能力的挑战

随着图书馆服务模式的转变和信息技术的飞速发展，图书馆海量数据的信息总量增长迅速，数据存储的任务和类型也发生了重大变化，数据存储的任务不仅包括传统的图书馆服务、读者支持、监控等数据系统的运行和管理，还增加了价值检测、提取、分析、控制和其他与阅读相关的活动，包括用户的行为和内容、用户的特征和其他数据。数据存储的类型不仅包括传统的静态存储，还包括数据的删除、添加和修改等操作，这对图书馆数据资源的存储容量、高容错性、适应异构环境的能力提出了挑战、开放、共享要求。图书馆自身的数据存储容量与对大数据存储的高要求之间的矛盾，决定了在大数据时代，可用且合理的数据图书馆服务的质量和数量可以达到什么标准。

以互联网信息检索为基础的知识信息服务的大数据时代已经到来，开始成为高校图书馆知识信息服务的主流，图书馆现如今的学科服务，利用大量的非结构化数据、半结构化数据，根据用户的需求去挖掘分析目前的发展态势，预测未来的发展方向，而不再仅仅是对学科资源信息的整理和检索。这不仅需要对结构化、半结构化和非结构化数据的备份、恢复、复制和安全性进行有效管理，还需要能够在不丢失有效信息的情况下处理字段。同时，在大数据时代，许多高校图书馆存在资源数据排序混乱、下载准确率低、不同出版模式的文献分类关联度低、资源扩展不足等问题。处理资源信息的能力提高速度决定了大学图书馆能否快速适应新时代的发展需要。

（二）用户需求的转变及其多样化

2007 年，图灵奖得主吉姆·格雷（Jim Gary）认为大数据带来了科学研究的第四种范式，即数据密集型研究。数据探索将取代传统的科学方法。数据密集型科研服务主要包括以下几个种类：计算处理、大数据和用户服务。其中部分大数据主要包括文学数据，如期刊、书籍、会议文章、专利、论文、特色资源等；读者的用户数据，如阅读数据、文献需求数据等；其他数据，如政府信息数据、科技创新数据等。计算和处理部分包括通过分析、建立模型收集、保存数据和清理，通过索引和分类数据满足用户需求。部分用户服务包括基础数据服务，如数据管理和研究、数据发布以及探索性数据研究服务（研究学科发展趋势、热点跟踪和检测、预测未来发展方向等）。

2016 年，美国研究图书馆协会提出了学术图书馆发展的九大趋势，其中与数据服务相关的趋势主要是“研究数据服务”和“数字化学”，其他趋势虽然也有人研究，但是研究人员寥寥无几，大多数人没有将其作为主要研究对象。研究数据服务不仅满足于借阅图书馆提供的文献和资料，还包括整理和收集稀有学术资源、评估知识成果的学术影响、申请科学奖的创新证据，甚至包括由高校人力资源部和科研管理部对特定学科的人才进行评估和筛选。为改善高校图书馆数字化学环境的交付环境，需加强与学校其他院系的合作，拓展图书馆的服务空间，如 GIS 数据、跨学科数据、虚拟化、数字存储、培训、咨询、数字资源管理、数字化学工具等。

（三）馆员素质与能力需不断提升

要从事学科服务，学科图书馆馆员必须具备九个方面的二十二项技能。其中，基本素质和技能包括学科及相关学科的专业知识、与用户良好的沟通、有效的学科服务推广、发现和获取文献资源、分析和整理用户需求信息，这五个方面的技能也是核心素质。学科馆员必须在长期学习和交流过程中收集学科专业知识。大多数图书馆馆员的其他四项基本技能更好。然而，由于长期保护版权和知识产权以及使用元数据的方法需要迅速学习和改进，同时，大多数学科馆员都是图形与信息专业的毕业生，非专业学科的专业知识还存在一定差距，因此，分析和评价学科的能力需要尽快完成。

各种软件工具在数据收集、存储、管理、共享和分析中发挥着重要作用，这也就说明了工具支撑是大数据的基础。这就要求学科馆员在工作过程中适应科学环境的变化和用户需求的多样性。目前常用的方法有数据探索、聚类分析、可视化分析、网络分析、数据融合和集成，但这些方法并没有真正复制大量信息数据的存在和表现形式，不能解释半结构化和非结构化数据。如何能准确预测未来的发展方向，这是图书馆馆员必须长期努力和学习的课题。

（四）学科馆员团队管理需持续优化

在大数据时代的挑战与机遇之下，欧洲的许多大学长期以来一直将科研数据服务视为极其重要的一部分并将重点放在培训原始图书馆馆员，而不是雇用新的图书馆馆员从事数据处理。学科馆员是提供学科研究服务的精髓，其组织与管理也是图书馆工作的重中之重，应当发生重大的变化，也就是说，要将其重点培养。

为了提供高质量和有效的专题服务，必须有一个专题图书馆馆员团队合作。专题图书馆馆员团队由专题主任、专题图书馆馆员和专题专家组成。学科管理者必须具有较高的学术水平、较强的发展创新能力、较强的组织协调能力，能够准确把握学科服务方向和研究重点，组织规划学科馆员的建设与交流。主题馆员主要帮助主题管理员完成团队合作，直接为用户服务。学科专家由工作场所的教授组成，负责咨询和指导学科服务的方向和内容。在专题专家的指导下，专题图书馆馆员小组可以以用户为重点，根据他们提出的主要内容提供咨询服务。

同时，及时评估专题馆员的服务质量，有助于检查专题馆员队伍的有效性，及时改进服务流程，提高服务质量。主题馆员团队的绩效评估机制必须以用户为导向，以结果为导向，通过反馈平台、问卷调查、回访电话、访谈等方式收集主题用户的评价；同时，还辅之以学科自我评估和内部评估。建立的绩效评估机制应注重激励，为学科馆员提供宽松开放的创新空间，鼓励学科馆员深入到用户研究环境的前沿。

三、大数据时代对高校图书馆知识服务的挑战

大数据时代，高校图书馆为适应高等教育的高质量发展，拓展社会化服务功能，必须高度关注知识服务工作，深化改革，提高知识服务能力和水平，以满足大数据时代校内外用户的知识需求。大数据、大数据技术、大数据环境对高校图书馆知识服务的影响主要体现在以下几个方面。

（一）对知识服务观念的影响

在大数据的背景下，拥有海量、类型多样的知识资源的高校图书馆的存在价值不再仅仅是读者获取信息和知识的一个渠道。高校图书馆的校内外用户的知识需求明显增加，对知识服务质量提出了更高的要求。而高校图书馆传统的服务理念在很多方面已经落后于时代的发展，很难适应大数据时代用户的需求和要求。

因此，高校图书馆为满足大数据时代校内外用户的知识需求和要求，就必须做到与时俱进，对知识服务的理念不断地进行革新和优化，积极转变观念和理念，充分利用现代大数据技术，摆脱传统信息服务观念的束缚，树立大数据服务观，开展大数据知识服务；围绕用户的知识需求，充分利用现代信息技术，对知识资源进行挖掘，实现知识发现，为用户提供精准高质的知识服务。作为图书馆的工作人员，也应立足于信息技术的应用并不断扩展服务内容和服务范围的深度和广度，以此推动高校图书馆知识服务的高质量发展，更好地服务于用户。

（二）对知识服务方式和方法的影响

在现代信息技术快速发展的大数据环境下，高校图书馆拥有的知识资源内容丰富、类型多样，知识收集、加工、处理、传递和提供方式与方法明显发生变化，校内外各类用户的知识需求和要求更高。高校图书馆开展知识服务如果仍然沿用传统的服务模式、流程、方法和手段，很难满足用户的知识需求和要求。因此，高校图书馆不应局限于传统的信息服务方式，而应充分考虑大数据带来的影响，积极与大数据的爆发式增长和社会

化趋势同步，在大数据时代，网络化服务、定题服务、主动服务、个性化服务、一站式服务、自助服务等将成为高校图书馆知识服务的主要方式和方法，这些方式和方法的重要基础是数据清洗和知识咨询服务。大数据的数据清洗在技术上对知识服务提出了新的更高层次的要求，即对大数据背景下的海量数据进行数据整合和数据关联。同时，大数据对知识咨询服务的进一步发展提供了更为丰富的专业数据资源和数据分析技术，革新了解决问题的方式和思维。

（三）对知识服务技术和平台的影响

大数据的特征对数据存储、数据收集、数据挖掘、数据检索、数据监管、数据共享以及数据的可视化等方面，带来巨大的冲击和前所未有的挑战。因此，大数据技术将成为技术与架构，在 IT 新一代的领域当中，协助用户存储和处理海量数据，并从大量的、有噪声的数据中挖掘出其潜在价值。自大数据概念出现后，大数据采集、预处理、分析及挖掘技术随之涌现，如 Hadoop，Cloud Computing 等大数据技术，管理海量数据变得更加便捷。可见，高校图书馆知识服务对现代信息技术的依赖性更强、要求更高。在大数据环境下，许多新技术都将成为知识服务的主要支撑技术，如可视化分析、数据挖掘算法、大规模并行处理（MPP）数据库、分布式数据库、分布式文件系统、互联网和可扩展的存储系统、云计算平台等。知识服务平台是高校图书馆与用户建立联系的平台，在大数据背景下，大数据流分析平台的构建以及平台的适用性具有重要意义。

（四）数据挖掘和智能分析成为知识服务的核心工作

在互联网、云计算、人工智能等现代信息技术快速发展的大数据环境下，海量数据的出现给高校图书馆的知识服务带来了新挑战和新机遇。面对海量的多类型数据，高校图书馆如何快速准确地识别用户知识需求，筛选分析、精准获取，最终提供给用户所需要的知识，这些将成为高校图书馆知识服务工作的重中之重。在大数据时代，这些服务工作也是知识服务工作中的难点。因此，上线网络化知识服务平台，构建云数据库，充分利用无处不在的知识资源，来进行数据挖掘和智能分析。现如今，高校图书馆知识服务的核心工作应该变成实现知识发现和知识共享，在大数据环境下这些要求成为必不可少的要求。最近几年，图书馆用户画像技术采用的是信息推送和个性化知识服务。因此，高校图书馆能够通过对用户行为的深度数据挖掘和智能分析，实现各类信息资源的关联和聚类，以此构建用户画像，进一步提高知识服务的靶向性。

（五）对知识服务模式提出全新要求

高校图书馆知识服务必须基于“互联网+”的环境，因为在大数据、大数据技术的要求下，“互联网+”概念已经引入知识服务领域。通过构建高校图书馆大数据知识服务模式，必然会实现知识服务优质化。构建高质量的知识服务模式可以有效地促进高校图书馆知识服务的效率和质量，同时拓宽高校图书馆用户群体与服务面。因此，大数据环境下的高校图书馆知识服务模式，必须是基于泛在知识资源，充分利用“互联网+”、大数据、云计算、人工智能、物联网、移动互联等现代先进信息技术，高度重视信息平台安全，体现用户至上的服务理念，实现主动式、个性化、自助式、网络化、智能化服务方式。同时，高校图书馆还应重视自身与服务对象之间的交互，以便将高校图书馆的知识服务成果和产品推广到社会上，并将其充分运用于社会生产和经济发展的过程中。

（六）丰富了知识服务的内容

高校图书馆知识服务质量如何，用户是否满意，主要取决于向用户提供知识服务内容的质量，而影响提供内容质量的一个重要因素就是高校图书馆拥有的知识资源库的数量和质量。大数据时代和“互联网+”环境为高校图书馆提供了海量且类型多样的知识资源，这些知识资源来源于社会发展的各行各业，来源于企事业单位和科研院所，来源于国内外的方方面面。海量的知识资源不仅丰富了高校图书馆知识服务的内容，而且还用户提供了更为专业化和个性化的知识服务，能够明显提高知识服务的质量和用户满意度。

四、大数据时代对高校图书馆馆员的挑战

（一）大数据带来的新挑战

计算机技术、信息技术与网络技术的突飞猛进发展，必然需要进行大量的、复杂的计算和信息储存。这样的大数据与云计算给物理空间与大量新软件的开发带来了必然性与紧迫性。科研与教育的需要又带动了环境的需要，从而给高校图书馆的发展带来了必然性与紧迫性。从信息规模、信息细化与信息类别方面而言，都需要增加信息的总体数量。信息计算、信息处理与信息储存，都使得信息的总量迅速飙升。

信息计算、信息处理与信息储存的内容，不仅涵盖了原先图书馆的采购、编目、检索、阅读、典藏与图书馆本身的规划建设，还包含读者大量的个人信息，读者的研究与阅读的偏好、行为与内容，读者的个人特征，读者的反馈意见及图书馆的读者服务，图书馆阅读监控平台及视频数据，研究课题及课程教育的分类、提取、优化、控制、推广与普及。数据的计算、数据的处理与数据的储存不是静止的行为，而是可以进行增、删、减、换的动态行为。这样对于图书馆数据储存的能力、数据的可靠性、数据处理对于环境的适应性及普及开放性等，均提出了进一步的要求。要利用大数据与云计算，在计算机的运算过程中把大量的结构化与半结构化数据进行再分析、再处理与再挖掘并产生新的价值。也需要根据过去及目前状况的变化规律来预测将来的发展趋势与确定今后的发展方向。

在对大数据进行云计算的过程中，需要对加入进行云计算的每一个计算机的联网节点信息进行复制与备份，以及为了保密而进行安全处理。并且在运算过程中，不能弄错或丢失有关的任何信息。

目前对于大数据的云计算尚且处于发展阶段，大概率事件处理得较为圆满，而小概率事件的处理尚不尽如人意。各高校图书馆在发展中存在数据混乱、精准度不够，以及资源浪费等问题，这些都值得继续探讨。

（二）馆员的德与才要进一步优化

新形势下高校图书馆馆员，一定要具备一些新的本领（表2-1）。

表2-1　大数据时代高校图书馆馆员应具备的本领

项目	所需本领
与法律有关的本领	版权与知识产权方面的本领
掌握信息的本领	一般信息的开发与咨询
	大数据与云计算方面的专业技术
	元数据的掌握与使用
	学科特色资源库与专业知识库的建设
	建立与强化用户的信息能力
	对口用户的信息有关培训
	整理与提炼用户的有关资料信息
	文献管理软件的使用、操作与培训
	指导用户对有关文献的检索与使用
	温习资料的发现与检索
公关本领	与用户及时有效的沟通
	团队之间密切有效的合作
	学科服务工作中的有效管理水平
	有效的推广工作
	科研成果的出版与传播
	向用户推广研究成果的保存与使用方法
专业学术知识本领	与研究相关学科的专业知识
	所需要的图书馆情报知识
研究过程中的本领	及时获得其他单位有关研究的进展
	不断跟踪研究动态
	成果的分析体系与评价体系

1. 与法律有关的本领

首先，图书馆馆员要具备相关法律知识，如版权与知识产权方面的知识。在外资企业中，如果产生纠纷与分歧，一般都会通过法律途径去解决。人们对于知识产权的尊重与遵守，是研究工作所必须掌握的，这也是图书馆馆员必须了解的。

2. 掌握信息的本领

大数据与云计算时代，信息显得尤为重要。离开计算机、互联网与信息，就会寸步难行。信息知识包括信息基础、信息技术、信息组织与信息应用四个方面。

3. 公关本领

公关本领包括一般的公关处事能力与科研交流公关能力。因为任何一项工作的完成，都是团队协同合作的结果。团员之间互相沟通、互相帮助、互相支持、互相协作，才能“人心齐，泰山移”，办好每一件事。图书馆馆员首先要学会与用户沟通、学科团队内部沟通，图书馆内部加强组织管理，加强学科服务的水平，图书馆馆员加强与教师之间的密切沟通等。

在科研交流及公关合作方面，邀请国内外有关专家及能人翘楚来校讲学做报告，介绍有关的理论知识与实验成果，推广科研成果的传播与出版，向用户推荐科研成果的应用等。

4. 专业学术知识的本领

专业学术知识的本领，包括有关科研和教育所需的专业知识与图书馆本身所需要的图书情报知识两个方面。

5. 研究过程中的本领

研究项目的开始，要求对本项目的国内外水平与进展彻底掌握，避免科研资源的重复浪费与做无效劳动。特别需要掌握国内外出版物中的有关内容，而这正是图书馆馆员的强项。

在研究过程中，密切关注国内外有关此项工作发展的详细内容十分重要。可以把别人工作的有效成果融入该项工作进展中，以节约科研中的人力、物力与时间等成本。

在研究过程结束阶段，评估该项目的作用，分析其重要性，推广到有关的用户，普及工厂生产，及时把研究成果快速转化为生产力，为国计民生服务。

（三）学科团队更上一个台阶

随着大数据及云计算时代的到来，高校图书馆应侧重对原有馆员的培训和提高，而不是一味地引进新馆员，引进新馆员只能作为补充。因此，培训与管理必须迈上一个新的台阶。

正如上面提到的，学科馆员必须掌握法律、信息、公关、专业与科研五个方面的本领，必须提高有关的专业水平、管理水平、学术水平与创新水平，在战略上永远把握住主要发展方向。

在学科专家的指导和学科成员的协作下，作为学科团队成员之一，应把掌握有关的图书情报知识作为自己的主要职责。

在评估机制方面，要在不断地吸取专家意见后，提出自己的看法。广泛听取用户的反馈意见，利用出访、调查问卷与电话等方式对用户进行咨询，使信息反馈平台变成高校图书馆中不可替代的部分。

（四）根据用户的需求调整，不断深化工作

大数据及云计算时代，信息从分散性向密集性转化。同时数据的挖掘再利用成为一个新的领域。在数据部分，包含三个主要内容：第一个是用户的数据，包括用户的个人信息数据、用户的主要阅读数据、用户的研究与教育方向的文献数据。第二个是有关的文献资料数据，包括图书、杂志、学术论文、学位论文、会议论文、专利及各种内部报告等。第三个是政府与创新数据，包括政府平台所公布的数据，比如国家统计局的统计数据，也包括科研及创新信息。

数据挖掘技术是云计算与大数据时代的特点。

对于大概率事件，甚至是全概率事件，过去由于没有大数据，往往只能用采样的方法。比如一个省的事件，往往只能采样一个县，而后把结果放大，这在大多数情况下是可以的，但是如果偏偏抽样的这个县是特殊的，这样的放大就会出现很大的偏差。

现在有了大数据，就不必抽样了。利用大数据可以十分准确地描述问题的本质，不会产生因特殊放大成一般时出现的偏差。

例如，在2020年初抗击新冠肺炎疫情过程中，国家统计局根据各地方上报的疫情及时进行统计，用大数据与云计算立即统计出全国感染确诊人数、治愈人数、死亡人数及各省与重点城市的病况。此外，还根据病情统计出回归曲线，预测病况发展趋势，预测所需要的医院建设、医疗物资供应、医护人员数量。还有一些小概率事件，例如，2020 年新冠肺炎疫情期间，一般感染者 14 天内就会发病，而个别感染者 38 天后才显现病情，有的甚至一直无症状。关于大数据与云计算中的小概率事件目前尚在研究过程中。

第三章

大数据时代高校图书馆管理创新发展

本章分别从高校图书馆管理创新理念、高校图书馆人力资源管理创新、高校图书馆信息资源整合三方面阐述大数据时代高校图书馆管理创新发展。

第一节 高校图书馆管理创新理念

一、高校图书馆管理创新理念的产生与发展

图书馆服务在服务理念上存在着严重的滞后性，为了提高服务质量，图书馆在服务理念上必须有所突破。在信息网络环境下，图书馆应树立以人为本的理念、资源共建共享的理念、促进创新的理念。图书馆服务管理要以人为本，建立激励和竞争机制，充分利用人的聪明才智。高素质的人才是良好信息服务的保证。在知识经济时代，人才是一种资源，对21世纪的发展起着举足轻重的作用。应该说，一个成功的图书馆应该知道如何培养和聚集人才，创建最好的团队，并明知人才配置的好处。作为21世纪的图书馆馆员不仅要不断扩大知识面，而且要加快知识更新的步伐，培养创新精神和技能，以适应图书馆生存和发展的环境而不被淘汰。当然，观念的创新必须是一个自我否定和超越的过程，这可能是最痛苦和最困难的事情。

二、高校图书馆信息化建设的重要性

信息网络技术深刻影响了人们的生活、工作以及学习。高校图书馆发展只有与时俱进，不断满足人们对于大量信息和知识的需要，才能够为人们提供优质的服务。因此高校图书馆发展要和计算机网络运用相结合，使高校图书馆信息化建设快速开展，有利于推动素质教育变革，帮助社会和国家培养高素质人才。同时高校图书馆信息化建设与国家信息化建设要保持步调一致。高校图书馆工作人员应该勇于接受时代挑战，不断提高图书馆信息资料的管理和服务能力，给读者和广大老师、学生带来丰富且全面的信息材料，不断推动我国学术文化的快速发展。

（一）高校图书馆信息化建设的作用

不断发展高校图书馆信息化有利于知识的传承。20 世纪 70 年代，中国开始接触计算机技术，经过 50 多年的发展，现代化信息技术已经广泛应用到中国的高校图书馆中，并取得了令人满意的效果。如今高校图书馆已经成为容纳社会信息资源的重要场所，不再只是简单储存书籍，高校图书馆在信息化方面蕴含的能量也是巨大的。

1. 高校图书馆信息化发展转变了人们的思想观念

高校图书馆与社会迅猛发展紧密相关，高校图书馆因此产生了巨大的变化，它从传统的人工操作形式变成了计算机管理与控制形式，实现了管理的自动化运作。计算机网络使高校图书馆原有的空间和时间限制被打破，因此使得高校图书馆工作人员的服务思想、管理理念、价值观都发生了翻天覆地的变化，这种变化又进一步推动了高校图书馆信息化的发展。

2. 高校图书馆信息化可以更好地共享信息数据

长期以来，人们一直期待能够实现资源共享。传统高校图书馆的工作人员在资源共享上一直在努力，但是因为受困于有限的技术水平和物质条件一直没能达到预期效果。网络技术和计算机技术的迅猛发展不断推动着高校图书馆的信息化建设，资源共享问题不再是一道难题。高校图书馆信息化发展降低了高校图书馆之间合作的成本，同时为高校图书馆和其他机构之间的沟通交流带来了良好的机会，使信息资源能够高度共享和融合。

3. 高校图书馆信息化有助于更新组织机构的业务流程和改革图景

高校图书馆信息化可以提高工作效率，其借助信息网络已经开始搭建起虚拟网络图书馆。数字化的图书馆资源采集是虚拟图书馆创建的过程，传统的高校图书馆组织机构已经无法胜任此项工作，因此高校图书馆只有不断改革内部组织机构和管理体系，才能满足信息化工作的发展要求。目前具体方式有以下三种：一是高校图书馆工作的核心是信息服务；二是高校图书馆管理的中心是自动化管理系统的信息化发展，应该带动高校图书馆自动化系统的发展；三是重新整合业务部门以适应高校图书馆业务重心的改变。

（二）当前高校图书馆信息化管理存在的问题

高校图书馆信息化建设并不是简单独立的过程，而是融入了管理的多个方面和环节。各个环节之间彼此影响、相互联系，制约了信息化的发展水平。目前中国高校图书馆在信息化建设过程中还存在着诸多问题。

1. 投入经费和投资力度不足

目前对高校图书馆信息化的资金投入还不足，通常政府拨款是高校图书馆建设的主要经费来源，各行各业投入在高校图书馆的资金相对较少，常常导致高校图书馆无法维持正常运作，更无暇顾及信息化建设。此外，高校图书馆不能科学地使用资金，从而出现重复购置和建设的情况，造成资金的极大浪费。

2. 较大的区域差异

不同的城市经济发展状况会对高校图书馆信息化建设带来不同的影响。通常来说，高校图书馆信息化水平越高，意味着该地区的经济水平越高。中国每个地区经济发展状况不平衡，按照目前地域情况划分，高校图书馆信息化水平可分为以下四类：一是上海、北京等大型城市；二是沿海地区；三是西部以及东北部地区；四是中部地区。

3. 不标准的信息化规划

高校图书馆信息化的规范化有利于推动社会信息化的发展。数据库的标准化和规范化是实现高校图书馆信息数据共享的必经之路。然而中国高校图书馆信息化建设缺乏统一、完整的规范和标准，其具体原因有二：其一，每个高校图书馆都单独购置软件系统，软件系统标准设置不相同，因此在系统兼容上存在很大问题；其二，每个高校图书馆在数据和数据库的规范上也不相同，无法实现高校图书馆之间的数据共通。目前规范化和标准化是高校图书馆信息化快速发展的首要问题。

4. 专业人才匮乏

目前我国高校图书馆受到上级主管部门的约束，在选聘工作人员时无法自主决定，而是要由上级部门决定，同时因为各种现实问题和历史原因，专业性人才较难进入高校图书馆，因此高校图书馆的信息化发展受到了人才匮乏的制约。另外，高校图书馆工作人员的个体结构，如技能、知识、自身素质，以及整体结构如学科、学历、职称等各方面，也呈现不均衡的状况，老龄化现象已经成为高校图书馆工作人员的首要问题。这些问题阻碍了高校图书馆的信息化发展，信息化建设工作缺乏综合型专业人才的推进。

5. 没有权威的领导部门

高校图书馆被分成很多个独立的系统，这些系统没有合作沟通和交流，也缺乏一个权威的领导协调各部门的工作。很多高校图书馆自我封闭，不与外界沟通，完全依靠自己的力量建设信息化，从而出现了严重的“孤岛”现象，以致高校图书馆的重复建设情况严重。高校图书馆在进行数据化建设时，只重视数据库却不重视实际运用，高校图书馆的信息资源分散，服务不开放，只强调纯粹的纵向发展，在更新数据方面速度非常缓慢，这些问题都降低了用户使用信息资源的热情。

（三）高校图书馆信息化建设的改善措施

我们应该从以下两个方面采取措施以解决高校图书馆建设信息化过程中存在的问题，不断加快中国高校图书馆信息化的建设进程。

1. 政府部门干预力度的加强

首先，政府要使高校图书馆信息化建设更加整体、规范。高校图书馆信息化建设牵扯精力巨大，会波及政策、人才、经费等各个方面，因此每个地区高校图书馆信息化发展过程都不同，从而出现不均衡发展的状况。要想改变这种发展不均衡的状况，不可能单纯依靠高校图书馆或者个人，政府要发挥统领作用，从战略发展的高度出发，深入分析中国高校图书馆的发展问题，制定出合理、科学的整体规划和规范，从而推动高校图书馆信息化建设更加标准化和规范化。

其次，设置权威的领导机构。高校图书馆的信息化建设要想获得长远发展，必须依靠社会各界力量的支持。作为一项社会性事业，高校图书馆信息化可以让高校图书馆工作人员和资源使用者共同进行建设。高校图书馆信息化涉及的范围非常广泛，影响因素很多，所以必须设置一个权威的领导部门协调高校图书馆各部门的工作，使高校图书馆信息化工作能够快速展开。

最后，要不断加大资金投入，在政策方面向高校图书馆信息化建设倾斜。通常来说，高校图书馆信息化建设占用了大量的资金，这些资金金额庞大，高校图书馆难以承担。所以国家在对其财政投入方面要不断加强，同时使越来越多的人更加重视高校图书馆信息化建设。国家应该针对高校图书馆信息化建设颁布相应的政策，使高校图书馆既能产生社会效益，也可以通过一些经济活动获得经济来源，使信息化建设的投资力度不断加大，从而推动高校图书馆信息化事业的快速发展。

2. 高校图书馆自身改革的加强

高校图书馆信息化建设离不开国家的大力扶持和资金帮扶，同样也离不开高校图书馆自身的变革，具体可以从以下三个方面展开。

（1）更新思想观念。信息化建设受困于落后的思想观念，因此高校图书馆建设一定要不断解放思想，用新思想和竞争意识武装头脑，摒弃落后的传统的思想观念，让高校图书馆参与市场竞争，让高校图书馆事业成为中国信息产业的中坚力量。

（2）加大高校图书馆信息资源的建设力度。第一，高校图书馆馆藏应该纳入网络数字化信息资源。网络数字化信息资源的迅速膨胀依赖于普遍应用的网络技术。因此高校图书馆馆藏结构要按照网络信息化资源进行不断收集、存储和选择，最终制订出合理科学的馆藏方案。第二，有计划、有步骤地实现高校图书馆馆藏信息数据的数字化，使高校图书馆信息化内容越来越丰富。在进行高校图书馆馆藏数字化建设时要注意两方面问题：一是工作人员要减少数字化建设过程中重复浪费的情况；二是高校图书馆馆藏中拥有大量的纸质资源，图书要明确数字化范围，所以一个科学、全面的工作计划只有从全面的角度出发，才能顺利开展数字化建设。第三，要想避免工作的重复浪费就一定要制定一套统一的标准和规范，这样才能高效地使用信息化资源。第四，树立信息自立的政策。我国不同的地区、不同的高校图书馆的数据建设要具体问题具体分析，充分利用自身特点，不断提高高校图书馆的竞争力，以参与国内外日益激烈的市场竞争。第五，联合作业。可以充分融合区域内各个高校图书馆的优势，加强高校图书馆之间的合作和交流，比如共同存储、联合构建资源数据库等。

（3）引进并培养专业人才。高校图书馆信息化建设的顺利开展依赖于大量的专业知识技术人才，这些人才熟悉信息技术知识，同时也具备与高校图书馆相关的知识能力、分析能力、信息能力。因此高校图书馆一方面要不断加强对高校图书馆馆员工的培训，另一方面要加大专业人才的引进力度。

信息技术和互联网技术伴随快速发展的科学技术而飞速发展。各行各业已经出现信息化深度应用的场景。作为一个社会服务性机构，高校图书馆只有转变传统思想，走改革道路，才能顺应社会信息化发展的历史背景，进而不断推进高校图书馆的信息化建设工作。

第二节　高校图书馆人力资源管理创新

一、高校图书馆馆员职业生涯规划

（一）职业生涯的概念

所谓职业生涯，简言之，就是一个人的职业经历。它是指一个人一生中所有和职业相联系的行为及活动的总和。其中包括一个人一生中职业与职位的变迁，在这个过程当中也会有价值与理想的实现。每个工作着的人都有其职业生涯，这是一个动态的过程。

职业生涯可以分为外部职业生涯和内部职业生涯。外部职业生涯是指一个人的工作单位和工作场所、工作性质和职称、工作环境和内容、薪酬和社会关怀等因素的组合和变化过程；内部职业生涯是指在从事一项职业时，改变应具备的观念、经验、知识、能力、内心感受、身体健康等因素的组合和过程。内部职业的发展推动外部职业的发展。内部职业是外部职业发展的基础和保障。

（二）职业生涯规划的概念及其特征

1. 职业生涯规划的概念

职业生涯规划就是员工结合自己的主观因素及客观环境因素，从个人方面考虑，确立自己的职业目标，在实现职业目标的过程当中制订相应的工作、培训与教育计划，这些都是事先该准备好的行动方案。简言之，职业规划是一个过程，员工制订职业目标并计划实现这些目标。对于组织而言，职业规划以员工的全面发展为出发点。根据员工的实际情况和组织需要，管理者和员工共同设计员工的职业渠道，为员工提供不仅适合其个人发展，而且反映组织目标和文化以及员工培训和教育计划的工作。

2. 职业生涯规划的特征

职业生涯规划有两个特点：一是职业生涯规划的个性化；二是职业规划是一个动态的过程。首先，由于职业生涯规划是根据人的实际情况制订的，组织对员工个人职业生涯规划的影响并不是直接的，而是通过了解员工间接产生的，人们的实际情况与他们的认知能力有很大的不同。因此，职业生涯规划的个性化特征更加明显。其次，职业规划制订后并不是一成不变的，它需要不断适应个人和组织条件的变化，从而能够更好地适应，其中包括调整目标和手段。

（三）职业生涯规划的意义

现如今的社会日新月异，从业已经不仅仅是为了养家糊口，其中有两方面原因。一方面，从业人员的素质不断提高，他们越来越认识到自身的价值，不再只是一味地干活儿，他们怀有强烈的自我实现的愿望与职业控制意识；另一方面，各行业需要越来越多的具有合适资历的员工。因此，要促进组织更好地发展，就要帮助员工实现其职业价值，这就需要落实到开展员工职业生涯规划，这样能够提高员工的素质和对企业的忠诚度。

（四）图书馆对馆员的职业生涯规划

1. 指导馆员进行职业生涯规划

让图书馆馆员了解高校图书馆的发展目标及人才要求，分析馆员的职业技能与兴趣，指导馆员制订职业生涯规划，是高校图书馆要帮助馆员学习的重要方法；让图书馆馆员学习职业生涯规划的有关知识，鼓励和支持馆员实施职业生涯规划，并定期对馆员职业生涯规划的实施加以指导、协调与修正，是让他们发展的最好方法。

2. 为馆员创造更多的发展机会与更宽松的环境

高校图书馆应为馆员设计出多条职业发展的道路，积极为馆员提供更多的发展机会，如行政管理职位的提升与职称的晋升等，应使每个馆员都有更多的发展机会，从而使得他们对自己所从事的行业充满希望。要激发馆员的工作积极性，根本上还是让他们自己发现并找到更适合、更感兴趣的工作岗位，或者可以通过有针对性的培训、轮岗等，使馆员熟悉并胜任更多的工作岗位。使馆员在宽松、融洽的环境中工作，营造良好的高校图书馆文化氛围。

二、高校图书馆馆员职业生涯规划的必要性

（一）是高校图书馆馆员发展的需要

随着高校图书馆的逐步发展，社会和读者对图书馆馆员的技能要求越来越高，图书馆馆员在专业素质、文化水平、科研能力等方面都面临着巨大的挑战。面对这些压力，职业规划的重要性越来越受到重视。在激烈的竞争中，高校图书馆馆员应注重自身的发展，深刻思考自我完善的空间和方向，充分利用图书馆资源，树立生命价值观、服务社会观，适应图书馆

的发展与读者的需求。

（二）是高校图书馆事业发展的需要

科学技术的进步对图书馆馆员队伍素质提出了更高要求，也给图书馆事业发展带来了空前机遇。高校人事制度改革对图书馆管理有很大影响，图书馆馆员队伍在新制度之下应更快找到自己的定位。在对图书馆馆员进行职业生涯规划的过程中，要能够发现每个人的特长并以此为根据合理安排岗位，既要保持人才队伍的稳定，又要在有效利用的基础上实现馆员的个人价值，这样才能保证图书馆更好地开展各项工作。

三、高校图书馆馆员职业生涯规划存在的问题

（一）员工结构不合理

图书馆工作在很多人看来不需要专业知识，工作的内容也只是看管阅览室、图书借还等简单劳动，毫无工作压力。因此，很多高校图书馆馆员队伍几乎都是学校安排的教职工家属，特别是女性家属。这样的员工队伍看似稳定，实际上对于管理工作的开展很不利。首先，员工间缺少竞争，难以激发工作热情；其次，员工知识结构不符合图书馆发展的实际需要，整体学历水平不高，职业素养、专业技能等无从谈起，从而与学生或教学科研读者群难以对接，服务质量和层次无法有效保证。

（二）传统观念影响深远

高校的图书馆工作很不专业，尤其是与教学科研活动相比。图书馆属于边缘部门，在职称评定、人员配备、晋升机会以及收入等方面经常受到排挤，容易受到来自各方的轻视，致使图书馆馆员难以保持积极上进的激情，很难获得职业认同感，这对于高学历员工及专业人员来说，是非常不公平的。

（三）社会环境因素影响

我国在有关职业生涯规划问题的研究上，还处在探索阶段，体现出来的特性就是：起步晚，经验少，相关的专业管理和指导人员比较缺乏。因此，实现高校图书馆馆员职业生涯规划的目标，从整个社会环境层面考虑

确实很困难。

（四）缺少法律法规保障

许多发达国家对图书馆馆员的入选标准、职业操守、职业素养等方面都进行了规范，而且有相关的法律法规，这为图书馆馆员的职业发展提供了有效保障，也保证了图书馆整体工作人员较高的素质水平。相比之下，我国对高校图书馆的管理基本处于“人治”状态，缺乏对法律法规的监督，员工的整体素质难以保证，员工的个人价值无法实现。

四、高校图书馆馆员职业生涯规划管理的具体方法

（一）设专人进行人力资源管理

高校图书馆要设立人力资源部门或安排专人负责管理人力资源工作，领导要在思想上和行动上重视员工职业生涯规划，制定科学合理的管理制度。在工作岗位安排上，要使馆员能够把自身优势与工作岗位相结合，根据图书馆馆员的学历、专业、兴趣特长等参考依据，合理安排工作岗位，制定相应的发展目标。同时，挖掘员工潜能，培养全方位的复合型人才。

（二）全新认知图书馆和自身

图书馆是高校的信息支柱之一，高校图书馆馆员是图书馆服务的主体。通过图书馆馆员的具体工作的进行，才能有信息的审查、处理和提供。高校图书馆馆员在充分认识图书馆的作用和重要性的基础上，了解自身的技能和优势，并将其作为职业生涯规划的依据，以便尽可能地提高和丰富自己，适应图书馆事业的不断发展和变化。

（三）图书馆要重视员工培训

时代在不断地发展，科学技术也日新月异，人们思想的转变也是转瞬之间的事。图书馆事业要不断地前进，就需要高校图书馆把员工培训放到重要位置。图书馆通过培训能够让图书馆馆员进一步提高业务水平，挖掘自身潜力，根据新技术发展的需要及时更新技能，了解图书馆的文化氛围。

（四）制定有效的激励机制

在人力资源管理中，激励机制是重要内容，而员工激励是其中最重要的组成部分。建立有效的激励机制，高校图书馆才能留住人才。留住人才之后，需要加大实施和监督力度，从精神和物质两个层面对优秀员工进行奖励，激发员工的热情和创新精神，充分发挥图书馆馆员的潜能，帮助图书馆馆员认识自己的优势和存在的问题。在这些都达成之后，再对其职业生涯进行重新规划和调整，方能有效促进高校图书馆工作的开展。

高校图书馆在现如今的社会当中发挥着越来越重要的作用，这也就对图书馆人力资源管理提出了更高的要求。图书馆馆员的职业生涯规划需要高校、图书馆以及图书馆馆员几方的互相支持和配合，这是一个长期的发展过程。

第三节　高校图书馆信息资源整合

一、信息的发展规律

获取有效的信息和查询有效信息是图书馆信息职业的两大基本职责。图书馆要想保障信息查询的准确性，就要依靠有效的信息整理，搭建信息检索系统，制定平台技术研发和信息政策。图书馆信息职业在设计信息检索系统和筹划运行信息获取平台时，要深入了解所服务对象的内在需求和根本特征。

（一）信息查询与信息组织整理

1. 信息查询

信息查询也叫信息检索，即信息用户借助特定的信息系统查询信息，从众多信息中识别、查找、选择与自己需要有关的信息。信息查询过程应包含以下几大要素：已获知的所有信息、预定的信息系统、预定的信息需求以及能够将所有的信息和需求进行整合匹配的科学技术。

在图书馆情报学中，对信息查询有效性的判定，大多是通过查准率和查全率两个指标进行整体评估。查准率是指在信息检索的过程中，检索出符合要求的信息数量占信息总数量的比例。查全率是指在预定的检索过程中，从信息系统中搜索出来的文献数量占全部系统中所有文献的比例。查准率和查全率可以衡量信息查询的结果是否有效。高查全率和高查准率意味着信息查询是有效的。

然而，有效的信息查询又面临着一些具体的困难。第一，信息爆炸所带来的信息检索困难。网络技术、光学技术、电子计算机技术的快速发展已经远远超过了人类的印刷技术、造纸技术、文字技术所生产出来的信息。这些信息的快速积累也意味着查询信息的难度在不断增大。在古代，人类产生信息的效率非常低，直到发明了造纸术和印刷术。印刷术和纸张的发明使得人类的信息快速增长。据说，古埃及亚历山大图书馆馆藏数量最大超过 70 多万卷。第二，人类主观性理解信息时所遇到的困难。数据是带有自身意义和客观数据的复杂结合体，交流信息的过程便是人们理解数据、分析数据意义的过程。在信息交流的过程中，人们只有理解信息才能够实现信息传达的目的。信息理解有其客观依据，但归根结底是人的意识活动的结果，带有人类强烈的主观能动性。信息接收者受自身价值观、知识结构、经验等多方面的影响，字面上的信息会被查询者进行关联性考虑。比如，普通民众在查询“雾霾如何影响健康”问题时，太高深的医学和环境信息科学信息会超出普通人的理解范围，因此这种信息不管多么切中雾霾和健康主题，普通民众依旧会认为它是无关信息。图书情报学从主观角度认为，信息是要被理解的信息，如果信息无法被人们理解，就不能被称为信息。信息有效查询意味着无法理解的信息不能够被查询出来。然而任何检索者搜索信息的过程都是一个非常复杂的信息匹配过程。

2. 信息组织整理

描述或揭示信息中事物的属性，并对其从信息系统角度进行整理，这个过程通常被称为信息组织。整理信息，将其组织成各种文献、信息的指代和标识，使人们能够根据不同信息的属性和标识查询到目标信息。

（1）信息组织整理的过程，如意义领域标识、创作者标识等，会形成与信息有关的不同标识，这种标识形成了事物特定的信息属性，这种属性通常用特殊的符号或术语进行表达，它把信息所涵盖的所有标识按照一定结构进行排列，进而整理出与信息和文献有关的信息记录。这条记录一般称为信息或文献的指代。在信息组织整理语境下的指代就是在信息系统中对原始信息和文献的某条记录。所以，把预定范围内的信息和文献，用预定的检索方法将其整理出来就组成了信息检索系统。

（2）“作品—载体”这种概念模型是信息组织整理技术的前提。信息组织整理技术是对信息和载体的属性进行描述、赋值、分析、形成信息和文献指代，并最终完成信息检索系统的过程。确认数据载体意义的属性，并对这种属性进行赋值才能够完成这一任务。有效描述作品和文献的指代成为“作品—载体”概念模型组织整理技术所面临的首要问题，“作品—载体”概念模型的构建有以下四个过程。

第一，分类方法。这种方法系统地划分了人类知识体系。图书馆信息职业的这种系统划分有自身的知识体系和分类原则，在对不同作品进行分类时，图书馆信息职业要考虑多重因素。首先，文献实体的物理空间需要；其次，文献的形式特征；再次，各知识领域文献的具体情况，要按照知识类目对其进行不同的设置；最后，文献实体分布排架也要在其考虑范围之内。

第二，标引。借助图书馆信息职业的特殊语言，根据不同的作品主体进行标识，可以使人们能够根据不同的主题，查找相关信息以及与信息有关的相关特征。

第三，著录。很多信息要想传播必须借助大量的记录。被记录下来的信息与载体一起称为文献。文献需要借助标记载体的属性才能够更好地被人们检索出来，比如文献题名、出版时间、出版地、出版者等。对于主题和学科之外的其他信息进行标识，并把所有的标识整合成为文献指代的技术，被称为著录。

第四，编码。把描述作品意义属性和其他属性的标识借助计算机的形式转化成可以处理、接受和识别的代码，借助计算机分析不同的属性的形式就是为信息组织整理的编码。

基于“作品—载体”概念模型技术，依托于分析作品属性，对整部作品的整体进行描述，可以阐述作品之间的某种关联性，这种关联与作品中所涉及的关联性差距很大。

（二）信息获取

在日常生活中，人们要想解决问题，使自身获得快速发展，就一定要从外界获取大量的信息。人们获取外部信息的过程可以分为两个阶段。第一阶段，确定是否存在信息，存在哪些信息，所面临的信息与自己所需要的信息之间是否有关联，各种观点信息之间如何互相存在。第二阶段，人们在获得信息本身前，先要根据不同的查询结果进行筛选，信息和指代分布在不同的系统中，甚至分布在不同机构和地点，所以要扫除物理距离的障碍才能够获得相应的信息，有时即使信息的物理意义具有邻近性，也无法快速获得原始信息。

第一，信息获取。人们出于利用信息和需求信息的目的而取得信息的过程被称为信息获取。信息获取的过程可能发生在信息查询的过程中，也可能会发生在信息查询之后，有时会不经过信息查询而直接获取信息。不管信息获取与信息查询是否相随，信息获得的本质都是为了获取特定的信息。

第二，信息可获得性。信息用户可以自由地获取信息，并借助自由获取的信息表达信息，可获取的相关信息是指与生活环境相关的所有信息，这些可以获取的信息是用户有能力且有机会获取到的信息。特定用户在日常生活中的相关信息量是无法进行估算的，很多都是模糊的考量，只能显示出信息获取中最需关注的问题。所以信息用户所获取的信息，指用户能够获取的和自己生活环境息息相关的信息。

第三，信息有效获取。对于用户来说，有效获取信息就是在充分理解信息的前提下，能够获取自己预设的信息。由于信息可获得性的约束，用户无法获取有效信息帮助自己解决问题，甚至不会产生信息需求，同时信息可获取性的约束会使用户不断调整自己的期待，降低自己对于信息的关注程度。需求者和信息之间的阻碍不仅是物理意义上的距离，可能还存在社会、智力、情感等多方面的距离，需要多方面的条件支持才能够获得信息。比如不断加强培训和教育工作缩短智力距离，依靠信息技术基础设施的支持克服物理距离，加强制度建设并不断缩短文化、政治、经济和社会之间的距离等。搭建起合理的制度、建设信息基础设施、有效的社会分工，才能够保障信息的有效获取，方便人们用最少的付出获得想要的信息。

二、高校图书馆信息资源共享

随着数字化进程的快速推进，信息资源呈指数增长，尤其是电子资源，数量剧增，类型也不断增多。图书馆再也无法凭借一馆之力来满足用户日益增长的信息需求。同时，高额的电子资源费用与图书馆有限的购置经费之间的矛盾日益尖锐化，为此，图书馆信息资源建设走合作之路势在必行。信息资源合作建设必须在某一相对固定的范围和组织里进行，因而便产生了各种各样的图书馆联盟。我国已组建了多种形式的图书馆联盟。除全国性图书馆联盟外，目前我国区域性图书馆联盟按图书馆隶属性质来划分，可分为两种类型：一种是区域性跨系统的图书馆联盟，如上海市文献资源共建共享协作网，其含有公共、科研、高校、情报四大系统的图书馆，共有79个成员馆。另一种是区域性系统内的图书馆联盟，如北京高校网络图书馆、天津高等教育文献信息中心、江苏省高等教育文献保障系统、广东网络图书馆等。其中，区域性系统内的图书馆联盟以高校图书馆联盟居多。区域性系统内的图书馆联盟若按联盟的区城大小来看又可分为三种：其一是全省范围内的图书馆联盟，如天津高等教育文献信息中心、江苏省高等教育文献保障系统、广东网络图书馆等；其二是同一城市范围内的图书馆联盟，如北京高校网络图书馆；其三是一个城市小范围内的图书馆联盟，这种联盟最典型的就是大学城图书馆。不论是自发形成的图书馆联盟还是由主管部门牵头的联盟，其宗旨都是为了信息资源的合作建设与资源共享。

（一）信息资源共享发展历程

纵观人类交流的历史，早在古代社会人们就已经产生了信息资源共享的潜意识，在具体的活动中都可以看见这种潜意识的痕迹。比如，人们通过抄写、买卖、交换、互借等方式获得文献，贯穿其中的核心思想就是信息资源共享，只是当时尚处于朦胧状态。到近现代，社会物质生产能力和生产力水平极大提高，促进了科学知识的创造与传播，同时也促进了文献生产大规模社会化的发展，从而扩大了社会知识交流的规模，使“知识为民所有”成为一种新的理念，正是这一理念，奠定了近现代信息资源共享的基础，人们信息资源共享的理念已初步形成。

我国信息资源共享理念自20世纪50年代开始萌动，经过半个多世纪的发展，这一理念已深入人心并在业界形成共识。在这一理念的影响下，各种信息资源共建共享联盟纷纷建立，并取得了一定成效。我国高等教育文献保障体系（China Academic Library and Information System，CALIS）就是一个全国范围内的资源共享平台。全国各高校许多外文信息，尤其是外文期刊信息都通过这一平台获取，如福建农林大学图书馆每年都要通过该平台获取500余篇论文。上海市文献资源共建共享协作网是一个跨系统的图书馆联盟，在开展馆际互借等信息资源共享方面做得较好，如上海师范大学图书馆向上海图书馆、复旦大学图书馆等申请借书，满意率达90%。再如，天津高校图书馆通过天津高等教育文献信息中心服务平台开展了天津高校联合目录查询、数字化资源导航、馆际互借、文献传递、虚拟咨询、在线交流、随书光盘共享等业务，也取得较好成效。

（二）大数据环境下图书馆资源共享的重要性

1. 缓解图书馆信息资源购置经费紧缺

虽然现在图书馆信息资源购置经费有所增加，但增加的额度永远赶不上信息资源的涨幅。因此，图书馆信息资源购置经费总体而言是相当紧缺的。以高校图书馆为例，除了部分重点大学图书馆信息资源购置经费相对宽裕外，很多新本科院校图书馆的经费仅在100万元以下，这样的经费额度对配置较多外文数据库而言实在是一种奢求。所以说购置经费紧缺是制约图书馆信息资源建设发展的最大“瓶颈”，而信息资源共享实际上是在提高现有经费的使用效果，尤其在数字信息环境下，信息资源多但价格昂贵，实现信息资源共享是图书馆的唯一出路。

2. 使信息资源发挥出应有的作用

信息资源若仅在一馆使用便无法最大限度地发挥其作用。例如，福建农林大学图书馆曾统计用户对 Elsevier SD 数据库的利用情况，该库中 1539 种期刊被点击到，其中点击次数超过 100 次（包含 100 次）的期刊为 208 种，占被点击期刊总数的 13. 52%；点击次数在 100 次以下的期刊为 1331 种，占被点击期刊总数的 86. 48%。高点击率的 208 种期刊所涉及的主要是农林、生物、农林经济等方面的学科，其余 1331 种期刊所涉及的学科面则非常广泛。又如，南京工业大学曾经在一年中从 Elsevier SD 数据库共下载期刊论文 434361 篇，其中重点学科下载量为 261877 篇，占总量的 60. 3%；次重点学科下载 140827 篇，占总量的 32. 4%；其他学科为 31657 篇，仅占总量的 7. 3%。这说明本单位用户主要利用电子期刊进行重点学科研究，其他学科也有涉及但需求量不大。此外，通过对数据库电子期刊使用率的分析发现，有相当数量的电子期刊未被利用或利用很少。所以，广泛共享电子期刊就是对社会资源的珍惜，而没有充分发挥信息资源的作用则是对社会资金和资源的浪费。

3. 解决图书馆之间信息资源的相差悬殊问题

就目前信息资源分布来看，存在着地区间的差别，包括重点大学图书馆与非重点大学图书馆间的差别，中央级图书馆与地方级图书馆间的差别，省、市图书馆跟县图书馆间的差别。东部地区信息资源普遍比西部地区丰富，重点大学图书馆信息资源比普通大学图书馆丰富，国家图书馆信息资源比省、市、县图书馆丰富得多，而省、市图书馆跟县图书馆相比，信息资源也相差较大。同时，各系统也存在差异，公共图书馆纸质资源比高校图书馆来得丰富，而高校图书馆电子资源比公共图书馆来得丰富。正是由于这些差别、差异，使信息资源共享的渴望变得更为强烈，也使信息资源共享变得更有意义。

（三）高校图书馆信息资源共享存在的障碍

1. 思想观念问题

（1）读者对馆际借阅和文献转移的意识不强。许多读者自由地使用信息资源，因为他们可以使用任何文献，所以他们大多不具备馆际借阅和文献传播的观念和意识。

（2）读者对麻烦的恐惧。虽然他们知道通过跨图书馆借阅和文件转让可以满足他们的需求，但他们会觉得很麻烦，不积极、主动地去申请或办理相关手续。

（3）不愿意支付相关费用。有些图书馆馆际互借与文献传递需要付费，因此有些读者、用户不愿使用。

2. 管理体制问题

信息资源共享在本系统内进行较为容易成功，而跨系统的信息资源共享成功率却不高，很大的一个因素便是管理体制的问题。因此，图书馆要想更大范围、更加有效地进行信息资源共享，必须建立区域性跨系统的图书馆联盟，要打破条块分割的局面。实际上我国跨系统的信息资源共享也有成功的例子，如上海市文献资源共建共享协作网，这是一个跨系统的图书馆联盟，在信息资源共享方面做得较好。所以说，跨系统的信息资源共享不是不可能的，在同一省份内进行跨系统的资源共享应该说还是很好协调的。比如，美国俄亥俄合作网优势就在于各成员机构同属州政府行政体系，是以州为单位组建的图书馆联盟模式，所以相对来说容易达成共识和取得经费。所以，只要肯努力，建立良好的信息资源共享管理机制便可以实现跨系统的信息资源共享。

3. 经费投入问题

信息资源共享若要顺畅进行，就要有一定的经费投入，这种经费主要来自两个方面：其一是政府。一般说来，图书馆联盟开展馆际互借、文献传递等共享活动，政府都会划拨专款予以支持；其二便是成员馆，比如，成员馆共同出资购买某一数据库。对共有的数据库在使用上也会按各成员馆的使用量来分摊相应的费用。当然政府的支持是最为重要的，因此，政府应给予更大的支持。

4. 法律法规问题

虽然在网络环境下电子资源传递相当便利，但由于受文献资料知识产权的制约，图书馆不能随心所欲地使用任何资源，如 WSN 外文期刊数据库的合同就明确规定不能传送其电子文档的论文给非合同内的用户。另外，对于电子资源的利用还有相关的规定，如在一定的时间内不允许下载论文超过某一限值，对图书下载也有一定限制。因此，图书馆工作人员要有知识产权保护意识和相关的法律法规知识。

（四）保障高校图书馆信息资源共享的措施

1. 建立完整的书目信息获取体系

书目信息获取体系是文献信息资源获取体系的信息保障系统。一个完整、顺畅的外文期刊书目信息获取体系应具有较高的虚拟馆藏信息获知度，它应包括图书馆联盟内部的联合目录信息、各馆网上 OPAC 检索形式的书目信息以及印刷型联合目录信息等，如外文期刊预订联合目录、外文期刊目次信息以及馆际互借的有关信息。华东地区在上海图书馆网站上有年度“华东地区外国和港台期刊预订联合目录”，同时也有配套的印刷版目录，为整个地区外文纸本期刊共享做出了贡献，但还不够完整，因有些图书馆未能及时提供或没有提供本馆目录而造成目录信息不全，从而使读者难以获得较为全面的外文期刊信息，因而有必要健全书目信息获取体系。各成员馆要热心做好此事，同时最好能及时将最新的外文期刊预订目录挂在图书馆的网站上，以便读者及馆员能在 OPAC 上获取最新的外文期刊订购信息。目前，我国有的图书馆联盟联合目录用户获取效果较好，如江苏省高等教育文献保障系统建立了江苏省高等院校图书馆书刊联合目录，实现了省内高校书目信息的一站式查询与共知。

2. 加强共享机制管理

机制管理是信息资源共享活动最为重要的一个环节，是决定信息资源共享成败的关键。目前机制管理最需要加强的有三个方面。

（1）主决策机制。数字信息环境下，图书馆应该要有更多的自主权，这有利于图书馆办实事而不流于形式，因此有必要建立自主决策机制。图书馆除了政府指定参加的共享系统外，还可根据本馆的实际情况和读者需求选择适合本馆的其他共享系统，以达到最佳的共享效果。如华南理工大学图书馆，既是广州石牌地区六校协作组的中心馆，又是广东省高校电子图书馆的成员。

（2）信息传递与交流机制。其主要包括两方面内容：一是纵向的信息传递与交流，即共享系统与参与主体之间自上而下的指令信息传递与自下而上的意见和建议信息反馈；二是横向信息传递与交流，是指参与主体之间有关资源共享具体实践中的信息交流。比如，公共图书馆在外文期刊征订方面会征求各参与主体的意见，如向高校图书馆了解读者的需求情况；同时高校图书馆也会建议公共图书馆购买一些读者需要但又因本馆经费不足而无法配置的外刊品种。所以建立信息传递与交流机制是十分必要的，它对信息资源共享而言大有裨益。目前多数共享系统纵向信息传递与交流机制较为健全，而横向交流机制则较为薄弱，有待于完善。

（3）利益平衡机制。在信息资源共享过程中，规模大的图书馆理应发挥奉献精神，但非无休止的奉献，而是互惠互利，否则共享不可能长久。所以，有必要加强利益平衡机制管理，制定出相关的制度以保证各图书馆都能共享信息资源建设的成果，同时激励各图书馆积极主动地为信息资源保障体系添砖加瓦。

3. 制定知识产权保护规则

大学城信息资源共享必须在保护知识产权的前提下进行。许多供应商会在合同或协议书里对电子资源使用权限做明确的规定，如世界科技出版公司的 World Sci Net（WSN）数据库中国高校订购及使用授权协议书就规定：被许可方通过提供印刷版资料或者打印许可使用资料来满足其他机构偶然的文献请求。这一实践活动通常被称为“馆际互借”。但是在规定中被许可方仅仅可以借阅对方纸质文献，不能为了实现馆际互借而传递电子文档，馆际互借可以通过传真、邮寄等方式实现。因此，信息资源共享特别要注意知识产权的保护。

三、高校图书馆电子信息资源

（一）高校图书馆电子资源建设存在的问题

1. 缺少规划和指导

（1）高校图书馆在电子资源建设过程中，由于受自身管理体制的影响，导致其在规划上出现不合理的现象，如电子文献与现有纸质文献重叠。除此之外，目前高校图书馆在电子资源建设过程中未对开发商进行明确分工，这导致了电子资源产品在内容上出现重复。无论是以上哪一种情况，都反映了高校图书馆电子资源建设配置不合理，并产生相应的资源浪费。

（2）资金紧张。高校图书馆电子资源建设需要大量资金，然而在现实中高校图书馆资金紧缺，还要面临各种类型文献的购置问题。除此之外，导致高校图书馆电子资源建设资金紧缺的原因还有电子资源本身。此方面原因主要表现在两个方面：第一，部分优质电子资源的售价相对较高，尤其是学术数据库，这在无形中增加了高校图书馆电子资源建设成本。第二，高校图书馆电子资源建设不仅仅需要在图书馆增设电子文献资料，还需要与之相匹配的技术设备，且这些技术设备的选择还要与高校图书馆电子资源建设规划相匹配，否则不仅不利于电子资源建设的推进，还会增加电子资源建设的难度。

（3）电子资源建设质量保障不足。采集人员在高校电子资源建设中占据十分重要的作用，其业务水平也直接影响了电子资源的质量。在现实采购中，由于部分采集人员业务水平较差，为此，高校图书馆部分电子文献资源无法满足读者需求。除此之外，目前我国对网络资源质量的监管并不是十分理想，这也在无形中使高校图书馆电子资源建设质量无法得到保障。

2. 资源建设不足

（1）检索功能差。在电子资源建设中，大部分高校并未发挥区域联动，仍然是各自为战，这也导致每个高校都有自己的管理软件，电子资源数据库之间缺乏沟通，没有一个统一的检索路径将各个高校的电子资源数据库关联起来，为此读者无法实现跨库检索，从而在无形中降低了高校图书馆电子资源的使用率。

（2）资源整合不完善。就单个高校而言，目前部分高校虽然积极建设图书馆电子资源，但是电子资源整合并不理想，他们并未按照严格、科学的方式方法将电子文献资源进行归类。除此之外，部分高校在电子资源建设中忽视了对网络资源的利用。

（3）人员综合素质水平有待提升。人才是高校图书馆电子资源建设的关键，他们不仅要有较高的电子资源业务水平，同时也要精通电子资源技术水平。具体来讲，高校图书馆电子资源建设中需要精通图书情报与计算机运用的复合型人才，只有这样才能为保障高校图书馆电子资源的深度建设创造良好环境，然而目前大部分高校图书馆缺乏此类型的人才。

3. 利用率偏低

（1）电子资源闲置，效果难以发挥。目前高校图书馆在管理中受传统观念的影响，更加注重发挥图书馆的“馆藏”作用，而对图书馆的使用价值作用发挥较小，正是在这种环境下，高校图书馆电子资源难以得到有效宣传，在一定程度上导致读者不能合理使用图书馆电子资源，从而使高校电子资源处于闲置状态。

（2）读者使用不便。这主要体现在三个方面：第一，高校图书馆在电子资源建设时并未充分收集读者的实际需求，部分高校甚至未做任何读者需求调查，从而导致高校电子文献资源与读者的需求不符；第二，电子文献资源的使用需要相应的电子阅读设备，然而目前大部分高校并未配备与之相适应的电子阅读设备，从而使电子文献资源利用成为空话；第三，高校电子文献资源设备的使用对读者提出了新的技能要求，读者只有在具备计算机操作、数据库文献检索等技能之后才能灵活使用电子资源，否则就很难利用电子资源。

（3）资源共建共享未能实现。由于受到多方面因素的影响，导致目前大部分高校电子资源建设无法实现共建共享，如版权限制、电子资源规模等。除此之外，目前我国大部分高校的电子资源建设中将主要精力集中在中文电子文献建设上，而忽视了对外文电子文献资源的建设，这在一定程度上使其丧失了电子资源共建共享的基础。

（二）高校图书馆电子资源建设解决措施

1. 加大建设力度

（1）加快观念转变步伐，优化电子资源采购。学校及图书馆领导在高校的电子资源建设中应快速转变观念，认识到电子资源建设在新时期高校图书馆建设中的重要性，并在此基础上拓宽学校图书馆的资金来源，为电子资源建设提供资金保障。除此之外，在图书馆电子资源建设前要做到科学规划，并将图书馆未来发展列入计划制订范围之内，以此保障图书馆电子资源设备能够满足未来电子文献资源的扩展需求。最后，在电子资源建设前，要做充分的读者需求调查，从而提升电子资源的利用率。

（2）完善基础建设。第一，制定相应的政策标准。高校图书馆电子资源建设政策标准的建设在一定程度上可以使其朝着规范化、标准化的方向发展，使电子资源建设与高校图书馆、读者实际需求相符，提升电子资源的使用价值。第二，馆藏纸质资源数字化。通过这种方式，在一定程度上不仅可以降低高校图书馆电子资源建设成本，同时也可以提升图书馆资源的利用率。第三，注重免费网络资源的利用。随着网络的迅速发展，诞生了大量免费网络资源，在这些网络资源中不乏优质资源的存在，为此高校图书馆应结合自身需求，充分利用这些网络优质资源，从而丰富其馆藏。第四，加大馆藏特色资源的开发。高校图书馆在电子资源建设中应结合学校学科建设情况，对本校学科理论研究成果进行整理归纳，并将其建设成本校特色馆藏资源。

（3）注重人才培养。为了推动高校图书馆电子资源建设的长远发展，应重视专业人才的培养，并为他们提供在职深造的机会，逐渐培养出一批批高素质的管理人才，从而为高校图书馆数字化发展提供人才保障。

2. 强化服务

（1）加强宣传。第一，图书馆管理人员可以举办体验活动，引导师生了解数字资源的便捷性，但在这一过程中，为了能够给学生留下良好的体验感受，需要在宣传工作之前找到界面、搜索方式中存在的问题，之后确定数据资源系统具有完整性之后引导学生体验。第二，在进行宣传工作时，图书馆馆员可以先进行演示操作，展示出应用数字资源查找资料的便捷性，达到服务推广的目的。

（2）提升服务管理力度。为了能够在大数据时代下创新高校图书馆数字资源服务，需要提升服务管理力度，使管理者形成责任意识。第一，为了提高图书管理员的综合素养，高校领导需要为其讲解相关服务知识，进一步了解图书馆数字资源。例如，可以聘请数字资源服务专家，为图书管理员讲解服务方式、创新方向等内容，提高其综合素养，以便提高整体服务质量；另外，高校管理者还可以构建管理制度，规范图书管理员的行为，在日常管理中，一旦发现图书管理员存在不规范行为，需要严格按照管理制度进行处罚，保障数字资源能够得到及时更新，满足师生的应用需求，发挥出数字资源的应用意义，推进服务管理工作运行发展。第二，由于数字资源更新整理工作为服务重点，为了避免出现疏漏，领导者可以明确员工的工作岗位、工作范围等，加强各部分工作之间的联系程度，提升数字资源系统的完整性。

3. 优化平台资源搜索界面

大数据时代高校图书馆数字资源服务创新时，为了能够进一步提高创新合理性，需要优化平台资源搜索界面。第一，简明的搜索界面能够提高搜索效率，吸引更多的师生使用这一资源，优化平台界面时，高校需要聘请信息技术专家，重新设置资源搜索界面，提高界面的整洁性，达到优化服务质量的目的。例如，技术人员可以先了解各个功能的应用情况，将常用的功能放置在明显的位置，并进行分类整理；另外，在调整资源搜索界面之后，可以进行使用感受调查，并进行二次调整，达到服务创新的目的。第二，在优化平台资源搜索界面时，为了能够进一步提高优化质量，需要定期了解数字资源平台搜索界面的应用情况，并给予师生一定的帮助，使其能够完全掌握搜索方式。

第四章

大数据时代高校图书馆服务创新发展

本章分别从高校图书馆服务创新的理论基础、高校图书馆服务创新的模式、高校图书馆服务创新的类型等几个方面论述大数据时代高校图书馆服务创新发展。

第一节　高校图书馆服务创新的理论基础

一、高校图书馆服务创新概述

（一）高校图书馆服务创新的概念

1. 高校图书馆的服务内涵

高校图书馆在历史发展中逐渐被赋予了一定的历史使命，如文化传播。随着时代的发展，高校图书馆的服务内涵也在不断变化与丰富。当前高校图书馆的服务主要是以读者需求为中心，在发挥自身主体作用的基础上全方位、一站式地为学校师生提供服务。此外，高校图书馆还具有学科服务功能，在学科服务中同样是以读者需要为中心，最大可能地满足读者的需求，以此来提升自身服务的有效性。随着互联网信息技术在高校图书馆的运用，图书馆的学科服务也随之发生了较大变化，它的服务更多的是将读者引入到虚拟网络空间当中，并引导读者运用网络文献资源。从宏观角度来讲，现代高校图书馆服务内涵可以归纳为以下几点：第一，在信息服务中为读者创造良好的阅读环境，并为读者提供权威、个性化服务，提升信息资源的利用率。第二，提升学科服务质量。学科服务作为图书馆服务中的重要组成部分，不仅影响到高校图书馆学科服务的整体水平，同时也是高校图书馆服务创新的关键点。

2. 高校图书馆的服务特点

目前，高校图书馆的服务特点主要包括以下几个方面。

（1）主动性。高校图书馆在服务过程中应当积极发挥自身主观能动性，与读者形成良好的沟通机制，从而最大程度上了解读者的需求，以此为实现高校图书馆的服务发展与创新提供相应的依据。如果高校图书馆在服务管理中的“被动”等待，对高校图书馆服务体系的健全不会起到任何积极作用。

（2）动态性。从某种程度上来讲，高校图书馆的服务属于一种交互性服务活动，即高校图书馆结合读者需求，并根据读者需求不断改变自身服务，这体现了高校图书馆服务随着读者需求变化而变化的动态性特点。

（3）个性化。高校图书馆在服务中不仅需要掌握读者的需求，同时也要掌握读者信息需求的变化规律，并结合读者的具体情况，为其提供个性化服务。

3. 高校图书馆服务创新的含义和特点

（1）服务创新的基础是服务。服务是图书馆管理工作的核心，无论其管理工作方式发生怎样的变化，最终目的终须落在学科服务之上。为此，高校图书馆在服务创新时，应始终以提升自身服务质量为出发点，切勿为了所谓创新而迷失方向。

（2）服务创新的关键是创新。伴随着读者需求的变化，高校传统服务已难以满足他们的需求，正是在这种情况下，创新成了高校图书馆急需解决的问题之一。高校图书馆在创新方面需要实现多元化创新，如图书馆服务内容、图书馆服务方式、图书馆服务范围等。与此同时，高校图书馆在创新中还要将创新内容与新技术结合在一起。

（3）服务创新要有针对性。读者需求、学科建设服务是高校图书馆服务建设的两个重点内容，所以高校图书馆在服务创新时要有针对性，除了加强与读者沟通需求之外，还要了解学校教学科研发展动态。

（二）高校图书馆服务创新的必要性

1. 高校图书馆的自身发展需要创新

随着知识经济的到来，图书馆的使用价值日益增加，人们对图书馆也提出了更高的服务要求，在这样的大环境下，高校图书馆迎来了改革创新的机遇。另外，随着高校图书馆事业的快速发展，高校图书馆传统的管理方式方法、人才配置、场馆设施、资源建设等已经无法满足现代社会读者的需求，致使高校图书馆的读者迅速流失，其服务功能也随之减弱，这对高校图书馆自身发展十分不利。

2. 高校教学科研需要创新

学科服务是高校图书馆的服务内容之一，随着我国高校教育事业的不断发展，教学科研水平日益提升，与此同时伴随着新兴学科的出现，高校图书馆的工作方式已无法满足现代高校教育的快速发展，从而对高校图书馆的创新发展提出了新要求。从高校图书馆服务对象方面来讲，新时代大学生对外界新鲜事物的接受能力较强，并对当下网络信息颇感兴趣，对新媒体也具有一定的使用技能，如计算机、智能手机等，为此高校图书馆十分有必要创新自身的服务内容与方式，不断提升图书馆资源的利用率。

3. 科学技术的发展需要创新

不仅人才资源、馆藏资源在图书馆服务体系创新当中占据十分重要的作用，科学技术同样具有十分重要的地位和作用。现代高校图书馆建设中不再局限于纸质文献，同时也需要不断丰富自身电子文献资源以及非书资料，这些资源的完善，需要依靠先进的科学技术，并辅之以网络、计算机等科技工具。除此之外，随着网络信息技术的快速发展，当前网络上充斥着大量网络信息资源，而且网络信息资源也逐渐成为读者获取信息内容的主要途径。面对这样的变化，高校图书馆应当紧跟时代发展趋势，积极对自身服务进行创新，利用科学技术合理地使用网络资源，逐渐满足读者需求。

4. 与学校培养创新人才保持一致

在当前社会竞争当中，人才竞争依然是其核心问题，高校作为培养人才的主阵地，培养创新型人才不仅是社会对高校的要求，同时也是高校在社会竞争环境下脱颖而出的关键所在。这在一定程度上给高校图书馆服务提出了更高要求，要求其在管理上与高校教学科研保持一致，为创新型人才培养提供全面的服务保障。

二、常变常新的理念

常变常新是图书馆的灵魂。图书馆面对网络化、信息化的挑战，要充分发挥自身的职能作用，必须在外部形象、资源建设及读者服务工作方面力争常变常新。特别是高校图书馆作为人才培养的重要基地，要充分认清“双一流”建设目标对图书馆建设与服务的新要求，紧紧跟上高等教育教学改革的步伐，找准职能定位，明确使命任务，促进服务理念转变、服务方式的创新，真正实现图书馆建设的常变常新，大幅度提高信息服务保障能力。

（一）图书馆常变常新的内涵与特征

常变常新是图书馆的灵魂。为什么这样说？基于这样三个原因：一是常变常新贯穿整个图书馆发展史。从古代封闭式的藏书楼到近代以纸质印刷型出版物为主的传统图书馆至现代数字化、智能化的图书馆，可谓发生了翻天覆地的变化，而且这种变化呈现出节奏加快、日新月异的特点。二是常变常新是图书馆应对挑战的法宝。尤其是步入信息社会后，手机、计算机、网络的普及，给图书馆的生存和发展带来了巨大的挑战。图书馆近年来出现了读者到馆人数和印本书借阅量的持续下降，昔日门庭若市的火爆场面难以再现。图书馆是发展中的有机体，要让这个有机体永葆青春，充满生机活力的唯一法宝就是常变常新，顺应时代的潮流，走在时代的前列。三是常变常新是图书馆发挥职能作用的强大武器。唯有常变常新，才能挖掘图书馆自身的长板，形成核心竞争力，才能充分发挥图书馆的职能作用，在创新中求发展，在发展中不断创新，在信息时代立于不败之地。

图书馆常变常新的内涵与特征可表现在以下几个方面。

1. 图书馆形象的常变常新

图书馆形象的常变常新，并不是要求“新、奇、特”，搞出一些哗众取宠的形式。相反，是注重文化内涵的不断积淀与创新。高校图书馆与一般图书馆相比，不仅是一座文化建筑，更是满载大学精神和大学文化的殿堂，其建筑设计与内外环境及网站页面设计应紧跟大学办学定位目标的要求，同时要适应读者的阅读心理需要。图书馆空间布局、色彩布置、网页设计等方面要注重为读者创造更加优美、安静和便捷的学习阅读环境，图书馆的空间布局应在满足使用功能的基础上，注重空间布局的合理性和对读者的人文关怀，凸显大学文化氛围，展现图书馆方便快捷的服务态势，并且时常更新，注重时尚，吸引读者，让读者每次走进图书馆总有一种耳目一新的感觉。

2. 图书馆资源的常变常新

图书馆资源的常变常新主要指资源建设要彰显个性、追求特色。充分开发与利用特色文献资源是提升图书馆竞争优势、激发创新活力的关键因素之一。步入21世纪以来，图书馆文献资源建设快速发展。目前，部分图书馆存在着同质化的现象，必须转变发展模式，从追求数量向追求质量发展，从追求“大”而“全”向追求“特”和“个”发展。有特色才会有吸引力和竞争力。有特色的馆藏资源，必定会吸引对此感兴趣的读者；同时，读者的关注和需求又会进一步促成馆藏特色资源的开发利用。可以说，资源是立馆之基，特色是兴馆之要。图书馆的特色文献资源不仅是一所图书馆区别于其他图书馆的优势所在，更是一笔独具品位和风格的珍贵财富。

3. 图书馆服务的常变常新

图书馆服务的常变常新主要是指采用最新信息技术与服务手段创新服务方式，提升服务层次。服务工作是图书馆永恒的旋律。图书馆的优雅环境、特色资源归根结底要通过服务来发挥作用。提高图书馆建设水平和质量，关键是要解放思想、更新观念、创新服务保障模式。要认真研究大数据时代资源载体数字化、知识获取网络化等新理论、新技术，积极探索推送服务、实时保障、统一检索、远程传递等信息服务的新途径、新模式，增强图书馆的吸引力和影响力。应该利用时兴的信息传递技术与工具，把微信、飞秋等大众传递工具应用到图书馆服务中。

（二）图书馆如何实现常变常新

1. 图书馆外部形象的不断创新

一是空间布局要留住人。图书馆不再是一幢呆板建筑，而是一座有现代信息、有人文色彩，具有生命力的建筑物。在建筑设计上，图书馆建筑外形既要反映人文地理、气候环境、风土人情等文化特色，也要考虑图书馆的使用功能，注意建筑内、外空间的延伸与融洽。合理安排图书馆建筑内部的空间，才能使其成为一个完整的统一体。有些高校现有馆舍是在旧馆改建基础上修建的，空间布局上采用藏、查、借、阅、参一体化，服务区域前后贯通无障碍；为了提高资源的综合利用效益，实行书刊一体、纸电一体的一站式服务；配合 RFID 自助服务系统，让读者感到方便、快捷；在色彩的选择上，以宁静清新的淡绿色为主，全馆的窗帘均为淡绿色，各楼层因资源主题不同赋予不同的色彩，一楼自然科学资源橄榄绿，二楼人文科学资源蔚蓝色，三楼哲学社会科学资源粉红色，四楼古旧书刊资源古铜色。高层书架集中在北面排列，南面是低层的刊架和宽敞的阅览空间，采光好，通透明亮，在高低错落处放置绿色植物，令人赏心悦目。

二是文化氛围要感召人。高校有其特殊的文化氛围，是培养祖国建设人才的地方，育人的文化资源有得天独厚的优势。因此，如人文学科资源新书展示区，展示台用古色古香的木架搭成，新书放在特别装饰的书架上，休息椅全部是淡黄色，刊架上摆放各类学术期刊、大众期刊，大阅览室的立柱上制作有关读书的名言警句等，从而进一步增强阅读氛围。

三是时尚设计要吸引人。高校图书馆不仅是学院的文献信息中心，同时也是学院的学术交流中心。图书馆除了书库、阅览室、检索室外，还可以设计不同类型的学术交流场所，如高端大气的学术交流场所——教授之家，供 30—40 人进行课题研究、教学三级把关使用；还可设置舒适幽雅的学术沙龙区和小组研讨室及读者专修室；阅览室设置色彩亮丽、舒服的沙发；通常一个月内更新一些书刊的布置，主展示台的图书花堆造型月月变化，新书区一两周就有新书源源不断地补充进来，图书馆海报定期更新，总服务台的摆设经常翻新，图书馆网页也定期更新，让读者每次到馆都能感受到扑面而来的新意。这种新鲜感吸引着读者经常来馆。图书馆还可经常举办大型书展、大型现采、读书活动和借阅赠礼、爱心伞、VIP升级活动等。

2. 着力构建特色鲜明的信息资源体系

信息资源是高校图书馆履行服务职能的重要基础，也是联建共享的核心内容。图书馆作为高校的文献信息中心，不能把目光局限在高校自身，而应放眼全国，着眼推进教学改革，为在校大学生提供历史与现实、国内与国外等各个领域的信息资源。任何一个图书馆都不可能包揽大学生需求的方方面面，必须走特色建馆、联建共享之路，把自身独具特色的学科专业知识和信息有机地整合起来，为教学、科研和人才培养长期积累原始文献资源等。

(1) 资源的多样性、前沿性、专业性

一是要满足用户多样性的信息需求。学科专业的交叉渗透，高校培训对象的类型多样，需要图书馆提供内容全面、形式多样、来源广泛的多元化信息。

二是要满足用户前沿性的信息需求。当今时代，知识更新节奏日益加快，用户需要用最短的时间，了解学科最新发展动态，及时获取内容新颖的前沿性信息。

三是要满足用户专业性的信息需求。高校教育教学改革和实践，要以大量的学科专业和信息为支撑，需要图书馆提供精心选择、深度加工、科学提炼的专业化信息。面对复杂多变的信息需求，任何一个图书馆都难以单独满足不同学科专业、不同层次用户的需求，只有加强联合建设，形成整体优势，实现资源共享，提供一站式高效服务，才能提高信息保障效益。

(2) 资源建设特色化，与企业对接，采用订单保障模式

一是重点突出特色资源建设。高校图书馆要根据本校学科专业建设及人才培养需要，重视采购和引进学科专业特色资源，加大对原生文献资源数字化建设力度。

二是重视原创资源的收集。利用向各专业延伸服务之际，建立健全信息共享机制，组织力量到机关、企业、科研院所收集实践活动中产生的信息资源，及时把实践中总结的最新成果充实到图书馆信息资源体系之中，努力实现资源建设与社会需求的有效对接。

三是实行菜单式订购，学科专业图书采购由相关教研室决定。图书馆将征订书目通过网络办公系统发送，由专业教员根据教学需求进行勾选、反馈，由图书馆统一采购后配发至教研室资料室，供教学研究参考使用，图书馆再配副本入馆藏，并建设数字化教学参考资源数据库。

3. 图书馆服务勇于变革

服务创新必须找准图书馆的职能定位。必须牢固确立高校教育“向实践聚焦、向需求靠拢”的思想，与时俱进地推进教育教学改革创新。图书馆不仅是高校的文献信息中心和重要课堂，同样也是人才培养的信息源、知识库、智囊团，在培养新型学科人才中具有举足轻重的地位和作用。图书馆要以高校教学、理论实践、社会需求信息为导向，以联建共享为动力，发挥“全高校一个馆”的整体优势，把服务保障工作做得更好。

(1) 引入微信、飞秋等软件工具

微信营销内容具有多元且传播快等特点，非常适合用于图书馆信息服务。提高信息服务关注度。通过微信让用户了解和使用图书馆信息服务；开设在线咨询服务。当读者使用图书馆数字资源遇到问题时，教员需要利用文献传递服务获取科研资料、图书馆新书通报、精品图书推荐反馈等，可通过微信进行咨询。进行个性化推送。图书馆可以通过微信营销，精确锁定目标读者，针对其具体需求，提供急需的专题咨询服务。例如，新生入馆，不懂得如何利用数字图书馆查询所需资料；毕业生撰写毕业论文，不懂如何通过专业数据查询资料；需要本图书馆未有资源时，读者不懂如

何通过馆际互借获取资料等。高校图书馆便可以将这些问题进行归纳整理，并以“专题”的形式通过微信方式为学生答疑解惑。在高校局域网中，飞秋的运用也拓展了图书馆的服务方式，代检索服务、实时参考咨询、定题服务、新书通报、新刊通报、核心期刊要览等都可利用群发功能，推送到用户桌面上。

（2）变革服务模式，重视人才建设

一是开动脑筋，主动作为。要积极推进被动等靠向主动推送的转变，在主动作为中体现图书馆的地位和价值，提升图书馆的吸引力和影响力。同样的办学环境和规模，拥有相近的资源和条件，但有的图书馆办得生机勃勃，充满活力，有的图书馆却办得氛围沉闷，没有生气，主要原因在于服务保障的理念和模式没有转变。要积极探索适合高校特点、具有自身特色的服务保障模式，如围绕教学科研开展融入式服务，围绕新学员入馆教育开展实时咨询服务，围绕教学需求开展菜单式订购、推送式服务，围绕企业实践开展延伸式服务，等等。服务保障范围要由封闭到开放，由本单位面向全国，由高校拓展到企业、社会。

二是努力打造集成高效的服务系统平台。运用好总部统一研发的高等院校图书馆信息管理系统和 RFID 自助服务智能系统。在完善管理运行机制的基础上，按照标准化、规范化的要求，研发统一的数字资源建设系统，适应整体联合服务的需求，构建一体化服务保障体系。各高校图书馆要聚焦企业实战化训练需求，拓展服务范围，增强服务职能，实施远程推送，积极主动为企业推送信息知识服务，使企业能够便捷地获取进行改革所需的信息资源。

三是着力加强图书馆专业人才队伍建设。坚持走出去、请进来的做法，建立军地院校图书馆、企业和相关单位相结合的业务交流培训机制，让年轻的非现役文员走出去参加各类业务培训、参观见学；建立图书馆服务与教学科研深度融合机制，将一批学者教授请进来，担任图书馆学科咨询专家，充分发挥他们专业造诣深厚、关心图书馆建设、热心信息资源建设与服务的优长，满足高校学科建设的需求。

随着信息化建设的不断推进，信息网络环境不断改善，数字化信息资源日益丰富，信息获取渠道逐步拓宽，学科专业队伍日趋成熟，为图书馆常变常新提供了必要的技术环境和人力支持。图书馆必须着眼信息技术发展大势，紧跟高等院校信息化发展步伐，依托学科训练信息网络，搭建先进实用的信息共享平台，开展网络化、智能化、学科化的联合信息服务，提升服务保障层次和水平。

三、“第三空间”的理念

（一）第三空间服务内涵

从第三空间理念角度来对高校图书馆服务内涵进行解读可以从以下几个方面出发：第一，从物理空间角度来讲，高校图书馆是除了家庭、工作单位之外第三个可以开展文化活动的空间。通过利用图书馆中的资源，读者可以开展休闲文化活动，也可以在图书馆中进行自主学习等活动。将图书馆作为高校教育建设中的重要内容，可以在极大程度上为学生创造良好的学习空间。第二，从精神角度来讲，高校图书馆将现代化信息技术融入建设发展中，从而使高校图书馆不仅可以为读者提供传统文化服务空间，同时也可以为读者提供一定的网络虚拟空间，为学生的全面发展提供信息资源支持。

（二）第三空间服务模式特点

高校图书馆第三空间服务模式要彰显高校图书馆自由、平等、公正的特点。第一，服务功能的转变。从第三空间角度来讲，高校图书馆逐渐实现“馆藏空间—功能空间”“文献服务—人性化服务”功能的转变。高校图书馆在功能转变过程中需要加强空间环境的建设，以此为学生提供良好的学习交流空间，实现自身智慧启迪、教育引领的作用。第二，时效服务的特点。随着高校图书馆的快速发展，现代高校图书馆的服务也随读者多样化需求的变化而朝多样化服务转变，读者对服务时效的要求有了明显提高，如服务不再受时间、地点的限制，无论在何时何地读者都可以随时随地展开阅读。当读者进入高校图书馆信息系统之后，读者的阅读需求、偏好等信息都会被高校图书馆管理人员收集，之后高校图书馆结合收集到的读者需求信息进行完善，从而为读者提供全方位的服务。第三，高校图书馆第三空间服务模式还具有信息共享、提升学生创新意识的服务功能。现代高校图书馆之所以具备这样的特点，缘于其“信息共享空间”的根本功能。高校图书馆经过长期的发展，它集中了上千年的文化文明于一身，从而使其具有较强的学术特征。在高校图书馆阅读环境下，读者能够在思想上与传统文化知识产生碰撞，有助于学生知识理论与现实技能的转换，从而提升创新意识。

四、核心能力的理论

（一）实施图书馆人才发展战略

实施图书馆人才发展战略需要加强人才管理创新，并在此基础上逐步实现开放性人力资源管理体系。在实际管理当中将“竞争”“开放”“效益”等观念作为人才管理的基本理念，逐步构建扁平式人才管理模式。与此同时，建立完善的馆员个人发展计划，注重对馆员信息意识、信息能力以及现代化服务理念的培养，打造一批能够承担高校图书馆信息资源建设重任的优秀人才，如信息咨询、信息资源管理、信息资源分析等人才。

完善高校图书馆“学科馆员”制度，“学科馆员”制度建设的核心在于竞争与激励。高校图书馆“学科馆员”的培养可以从两个方面展开：第一，引进高端人才，通过高端人才的引进可以在一定程度上改变高校图书馆馆员的数量和结构；第二，注重人力资源开发，这对于高校图书馆而言十分有必要，同时也十分紧迫。而想要改变高校图书馆管理现状，并实现“学科馆员”制度建设的关键在于制定行之有效的馆员选拔和培训制度。

在实施图书馆人才发展战略过程中，还应当开展专业化教育以及馆员岗位培训，并对现有馆员进行合理的组配，也要加大高校图书馆各个部室之间的合作交流。具体而言，应加大对拟任馆员的培训力度，快速提升他们的专业技能，使之成为图书馆业务骨干。在培训过程中，务必要加强对他们理念的引导，尤其是“读者第一”“个性化服务”。除此之外，还应当为馆员提供关于图书馆的实时动态以及服务理念、服务方式等。最后，在对馆员进行的专业教育培训中，也要注重丰富培训方式，将培训内容带到日常工作当中，定期开展排架、分类、计算机技能等各种比赛活动。由于高校图书馆由不同的业务板块组成，其中包含借阅、咨询、技术等，所以高校图书馆各个部室之间应当加强交流合作，并对馆员进行合理组配，以此提升馆员的工作效率。从具体上来讲，组配需要考虑馆员的年龄、性别、性格等因素，合理的组配不仅可以提升馆员的工作效率，还可以在一定程度上提升馆员的服务技能，从而更好地为读者服务。

（二）构建资源特色发展和创新服务战略

1. 重视用户资源建设，准确把握用户信息需求

从某种程度上来讲，我们可以将用户资源称为高校图书馆的“生命线”，在高校图书馆资源建设中人们往往会想到信息资源建设，而忽视用户资源建设。虽然用户（读者）是高校图书馆服务的对象，但是从另一个角度而言，用户同样是高校图书馆的资源，且用户资源在高校图书馆核心能力体系中占据中心地位。

留住用户在高校图书馆信息建设中有着极为重要的作用，而想要真正留住用户，在一定程度上需要高校图书馆了解并把握住用户的需求信息。通常情况下，用户信息需求主要包含隐性需求和显性需求两种，对用户隐性需求信息的挖掘难度要远远高于显性需求信息。因此，用户隐性需求信息的收集需要通过较为复杂的方法。高校图书馆可以建设用户信息库，并在服务中不断完善用户信息库。在这个过程中需要重视对固定用户各方面信息的收集，如学科领域信息、经验技能、专业知识等。高校通过建设用户信息库的方式，有助于把握用户信息需求，从而留住用户。

2. 构建信息资源特色发展战略

高等院校图书馆信息资源的特色发展战略主要是依托学科训练信息网，利用统一的高等院校图书馆信息网络管理系统，加强专业学科建设的支撑能力，重视数字资源的采集与利用，实现信息资源特色化，满足用户需求实时化，形成特色鲜明的文献信息保障体系。其重中之重就是构建具有本院校特色的信息资源体系，保持本馆资源的持久生命力。

3. 实施图书馆服务创新战略

高等院校图书馆服务创新战略是指以全新的图书馆理念，创新服务方式，创新服务内容，创新服务手段。积极拓宽服务领域，增强服务的主动性、参与性，大力开展适合教育需要、贴近企业、贴近实战的知识服务、个性化服务、参与式服务，从而总体提升图书馆资源利用的能力。创新图书馆信息服务是图书馆核心能力的最终体现形式。

总之，我们要努力改变信息服务长期偏弱的局面，以院校教育信息化为契机，在新的起点上，全面开展高等院校图书馆的信息增值和知识服务，为企业、社会提供信息支撑及信息产品，为教员、学员的学科训练和课程学习提供信息保障，为科研攻关提供知识服务，如定题跟踪、决策情报、信息推送、个性化服务等。

（三）实施“科技兴馆”战略

想要实现“科技兴馆”的目标，就需要对现代化信息技术有较高的认知，并在此基础上掌握现代信息技术。通过对网络信息资源的充分利用，逐渐实现高校图书馆数字化信息资源建设与管理，进而为提升高校图书馆文献服务水平提供强有力的保障。

1. 依法治馆，形成科学的管理体系

在图书馆建设和发展中，首先要充分做好科学的调查研究、分析论证，多方听取意见；然后依据图书馆科学发展规律，制定一整套图书馆的规章制度，规范决策，使高校图书馆的管理工作日益规范化。另外，在科学的管理体系下，高校图书馆可以最大程度地提升人员的凝聚力，并将现有人员的能动性与效果发挥至最大，这对提升高校图书馆的核心竞争力具有积极作用。

2. 构建 RFID 智能图书馆

随着人工智能的发展，高校图书馆智能化管理具有较强的可实现性。高校图书馆在智能化管理中不仅可以对现有图书馆中的馆藏进行科学合理的归类划分，同时也可以实现读者借阅的自动化、智能化。在智能化管理下，高校图书馆的服务功能可发挥到极致。RFID 技术在图书馆中的应用，将使图书馆管理和服务更加人性化和智能化。高等院校图书馆要密切跟踪 RFID 技术的发展，积极构建 RFID 智能图书馆，提高文献信息服务保障效益。

3. 重视技术创新，推动高等院校图书馆核心能力的提升

从 Web2.0 技术、数据挖掘技术、推送技术，到利用开放的 Google Maps API V3、RFID 以及 JAVAMVC 架构设计网络书架导航系统，从 BBS、RSS、3G 技术，到利用 VMware 虚拟化技术整合图书馆服务器，从基于网络的数字图书馆到基于云计算的可视化立体云图书馆，新技术的应用都会给用户以全新的体验，大大拉近用户与图书馆的距离，让图书馆知识交流中心的功能得到加强。我们应当高度重视新技术给图书馆带来的影响和挑战，不断提升高等院校图书馆的核心能力。

五、精细化管理的理念

精细化管理是把泰勒的科学管理理论，从工厂运用到图书馆所有业务部门的一门应用型管理技术。把精细化管理移植到高等院校图书馆管理上来，构建“纵向到底，横向到边”的精细化管理平台，对于全面提升图书馆建设的质量和效益具有特别重要的意义。在图书馆步入数字化、信息化的今天，图书馆面临的竞争越来越大，读者的要求越来越细化。从表面上看，图书馆竞争主要是人才、环境、形象、服务、水平与质量的竞争，但实质上还是管理细节的竞争。谁更注重管理的细节，谁就能在竞争中取得主动权，从而获得成功。图书馆管理是粗放型还是精细化，是决定图书馆之间水平差异的关键所在，一所图书馆能否走在前列，关键在于是否有效实施了精细化管理。

（一）图书馆精细化管理的内涵

精细化管理是源于发达国家的一种管理理念，它建立在常规管理的基础上，是一种将常规管理引向深入并全面提高管理效益和水平的管理模式。图书馆精细化管理强调将管理工作做细、做实、做精，以全面提高信

息资源建设与信息服务质量。这是图书馆实现可持续发展的重要手段，也是图书馆提升内涵、打造形象的必然选择。一般来说，图书馆精细化管理是指图书馆以图书馆工作条例为依据，以提高图书馆管理效率和服务保障效益为目的，运用现代管理模式与支撑手段，对图书馆管理要素实施精确、细微、快捷的规范和控制，以实现管理成本最小化与服务收益最大化目标的资源配置过程与活动。图书馆精细化管理的重点在于监督和控制，在管理过程中更加重视细节。细节决定成败，图书馆岗位分工越来越细，专业化程度越来越高，读者需求越来越个性化、多元化，必然要求图书馆进行精细化管理。从粗放到精细是提升图书馆发展后劲的新举措。

（二）图书馆精细化管理的特征

图书馆精细化管理的特征主要体现在以下方面。

1. 图书馆精细化管理强调数据化

管理数据化并提高数据的精确度是图书馆精细化管理的重要目标。信息资源建设与信息服务的高质量不是粗放的管理模式可以创造出来的，而是要通过图书馆精细化管理来实现的。图书馆精细化管理要求在管理中关注细节、数据，形成周报、月报制度，统计好相关人、财、物等基础数据，对各类统计数据进行科学全面的分析，重大决策应当有“数字”作为支撑。

2. 图书馆精细化管理强调效益优化

图书馆精细化管理要求从学院教学、科研和人才培养整体出发，树立效益观念，优化管理流程。在资源建设上，优化馆藏结构，注重服务效益，避免盲目追求“小而全”“大而全”，将有限的图书经费更多地投入特色资源的开发上，充分满足学院教学科研的需求。在服务保障上，图书馆内部业务部门之间要建立精密的分工协作机制；图书馆与机关科室、教研室、大中队之间要建立精密的反馈机制；图书馆与读者之间的关系要建立精密的纽带机制。在管理流程上，打破习惯思维的束缚，以第一时间满足读者需求、提供高质量服务为目标，把握管理流程的全局，进而关注每一个细节，进行流程再造、系统优化。

3. 图书馆精细化管理强调创新性

精细化管理的一系列举措要求制度化、常态化，而现有的制度要依据形势的变化而不断创新。精细化管理的创新性最为核心的要求是制度创新。图书馆制度创新包括行政管理体制创新、用人制度创新、经费管理使用制度创新、信息资源建设模式创新、专业人员培养制度创新、服务模式与体系创新等。制度创新是一个长期、复杂的系统工程，需要在实际的工作中不断加以规范和调整，以适应图书馆不断发展的需要。

第二节　高校图书馆服务创新的模式

一、知识服务模式

（一）知识用户类型

高校图书馆知识用户是指自觉地、有意识地、有目标地、有目的地获取和利用图书馆的知识资源，开展知识活动的个人或者团体。知识用户是知识的接受者和吸收者，是知识的需求者和消费者，也是利用特定知识的个人或群体。

高校图书馆知识用户可以从不同角度来区分，如可以分成潜在用户和现实用户、校内用户和校外用户等。校内用户又可以分成个人用户、团体用户。个人用户主要包括在校学生（本科生、研究生、继续教育学生、留学生等）、在校教职工（在编、聘用员工；在职、离退休员工），团体用户主要包括院系、研究院、职能部门、教辅部门等。校外用户主要包括企事业单位、科研院所和有知识需求的个人。目前国内大部分高校图书馆知识服务以校内用户为主，以校外用户为辅。我国各高校图书馆的社会化服务功能还没有充分发挥，有待进一步挖掘。

（二）知识用户需求

大数据的数据来源、知识服务资源、服务能力、服务过程以及知识本身都是基于互联网和大数据环境的，而且所有的大数据均是来源于大数据用户的行为数据，因此这也要求大数据环境下的知识服务应将重心转移到知识用户的需求上。高校图书馆知识用户的需求可归纳为以下几个方面。

1. 学生用户

其知识需求涉及专业学习、科学研究、社会实践、学科竞赛、文体活动、升学深造、就业和创业、工作和生活等方面。

2. 教师用户

其知识需求涉及教育和培训、师德师风和能力提升、教学、科学研究、社会服务、工作和生活等方面。

3. 校外个人用户

其知识需求主要涉及学习、工作和生活方面。

4. 机构用户

校内机构用户的知识需求主要涉及人才培养、科学研究、社会服务和文化传承等方面。不同类型的校外机构有不同的知识需求。政府部门和企业的知识需求是有明显差异的，不同类型的企业知识需求也是不同的。

作为知识用户，在参与知识服务活动过程中，要能简洁、精准地表达需求，这对于提高知识服务的效率和质量是非常有益的，也是提高用户满意度的重要影响因素。高校图书馆知识服务部门在知识服务工作实践中，要把对用户知识需求的识别和判断作为最重要的基础环节。知识服务人员要加强与用户的沟通和交流，要能全面、系统、深入地理解和把握用户知识需求的本质和核心要义，精心组织知识服务活动，精准施策，提高知识服务的质量和用户满意度。

（三）知识服务定义及目标

在网络技术快速发展的大环境下，诞生了许多理念，其中知识服务理念便是其中之一。从性质上来讲，知识服务理念属于一种运用理念，它的工作目标是对网络信息进行有效处理。知识服务理念主要是对网络中大量信息内容进行处理、划分之后，将其输送至用户手中，从而产生服务。从某种程度上来讲，可以将知识服务看作传统服务与现代网络技术的创新结合体，它梳理网络中的有用知识，并服务于用户，即为用户提供有用的信息资源。从高校图书馆服务角度而言，知识服务是其服务中的一部分，且知识服务通常与其自身服务特点以及高校图书馆未来发展趋势有千丝万缕的关系。为此，在高校图书馆服务创新中，我们应当将知识服务理念运用到其中，并在知识服务理念的指导下深入挖掘、管理用户的需求信息，从而不断创新高校图书馆个性化服务。鉴于知识服务与信息技术有密切关系，为了完善高校图书馆知识服务体系，需要注重信息技术的运用。

（四）大数据下高校图书馆知识服务体系

1. 知识服务体系的构成

（1）知识资源库。知识资源库是高校图书馆开展知识服务最重要的基础和源泉，它的建设水平、规模和质量直接影响知识服务的水平和效果。在现代信息技术快速发展的互联网时代，高校加大了对图书馆知识资源建设的力度，总体趋势是纸质知识资源所占的比例越来越小，数字化知识资源所占的比例越来越大。目前高校的知识资源库基本由传统文献资源库、数字化知识资源库、机构知识库、特色资源库等组成。各高校根据自己的办学历史、学科专业特色和优势等建立特色资源库，这成为高校图书馆知识资源库建设的一个重要特色。如清华大学图书馆的知识资源库就包括了清华特色资源和清华机构知识库；北京大学图书馆也设有特色资源库，主要内容涉及古文献资源库、北大文库、晚清民国文献、燕京大学毕业论文等。随着我国高校图书馆数字化、智慧化建设进程的加快，数字化知识资源将成为图书馆知识资源库的主体，也将成为高校图书馆开展知识服务的主要知识源。当然，在现代信息技术快速发展的互联网时代，高校图书馆开展知识服务的知识资源库不只限于本馆的知识资源，通过加入全国、区域、行业、系统等图书馆或情报机构联盟，通过知识资源库的共建共享，还可以利用更多的知识资源库来开展知识服务，大大提高知识服务的能力和质量。如通过中国高等教育文献保障系统（China Academic Library and Information System，CALIS）可以共享其他高校的知识资源库，实现高校知识资源共享，这也是高校图书馆知识资源库建设的一个重要举措。同时，高校图书馆也可以通过互联网、接入的国际联机检索系统等，提供国外权威知识资源库服务。

（2）知识服务平台。在信息技术快速发展的大数据时代，高校图书馆知识服务的开展显然已经从传统的手工方式转变为以网络化、自动化、智能化为主的方式。因此，加大经费投入，建设和上线先进的信息技术平台已经成为高校图书馆知识服务的必然要求，也是提高知识服务能力和水平的重要路径，更是高校建设智慧校园和数字化图书馆的重要内容。目前，高校图书馆普遍上线了图书馆管理信息系统，建立了大数据中心，但是真正建立一体化大数据知识服务平台的并不多。因此，充分采用大数据技术、人工智能技术、物联网技术和移动互联技术，建设网络化、集成化、智能化的大数据知识服务平台是高校图书馆加强数字化图书馆建设的重要内容，也是提高知识服务能力和水平的重要措施。

（3）知识服务专业技术人员。知识服务专业技术人员是高校图书馆知识服务中最活跃的因素，其综合素质和能力水平直接影响知识服务的质量和效果。因此，高校图书馆知识服务业务的开展，对专业技术人员的素质和能力有较高的要求。知识服务从业人员除了有良好的服务意识和综合素质，还必须具有较好的信息技术能力、外语能力和扎实的专业功底，同时也需要有良好的逻辑思维能力、语言表达能力和沟通能力。知识服务专业技术人员的筛选要有严格的标准和规范，要从多方面进行考察。

（4）知识服务业务流程。科学合理的业务流程是影响高校图书馆知识服务质量的重要因素之一。目前我国高校图书馆知识服务业务流程基本沿用传统的参考咨询工作流程，在时代性、科学性、网络化、智能化等方面与现实需求还存在明显的差距。在现代信息技术快速发展的大数据时代，高校图书馆面对海量的知识资源、校内外用户的知识需求和知识服务要求的提高，更要高度重视知识服务业务流程设计，充分借鉴国内外知名高校图书馆知识服务的业务流程方案，利用现代信息技术和先进的管理理念与思想，根据集成化大数据知识服务平台的特点，了解和掌握知识服务流程的客观规律，设计科学合理，能体现时代性、科学性、客观性、网络化、智能化、移动互联等要求的图书馆知识服务业务流程。同时，高校图书馆也要对现有的知识服务流程进行全面研判，对不合理的流程必须进行改造，以适应大数据环境下的知识服务需要，提高知识服务的能力和水平。

（5）知识服务组织机构。组织机构是高校图书馆实施知识服务的重要组织保障，其设置是否合理和科学，直接影响图书馆知识服务的质量和效果。从广义上讲，高校图书馆的所有机构都属于知识服务机构。如清华大学图书馆下设了综合办公室、资源建设部、编目部、读者服务部、信息参考部、信息技术部、特藏部、古籍部或科古所、专业图书馆等。南京大学图书馆下设了办公室、资源建设部、学科服务部、读者服务部、古籍特藏部、鼓楼分部、系统保障部、江苏省高校数字图书馆（JALIS）管理中心、中国高等教育文献保障系统（CALIS）江苏省中心等。复旦大学图书馆下设了内部工作部门，包括办公室、采编部、数据管理与技术部；教学与研究部门，包括中华古籍保护研究院、数据图书馆、情报研究部、图书情报教研部；对外服务部门，包括基础服务部、参考咨询部、古籍部、特藏与数字化部。从狭义上讲，目前我国高校图书馆的知识服务工作主要由信息参考部、参考咨询部、情报部、知识服务部等承担。也有高校直接设立了知识服务中心，如四川大学图书馆就设立了知识服务中心，其知识服务包括学科服务、知识产权服务、教学与培训、知识博客、知识检索、科技查新、查收查引等。尽管目前我国高校图书馆有关知识服务机构的名称叫法不同，但都在发挥图书馆知识服务的功能。

在高等教育高质量发展的时代，高校图书馆必须要高度重视知识服务机构的设置，最大限度地发挥图书馆知识服务的潜能。我们认为，高校图书馆知识服务机构设立的目的：一是图书馆管理者要摆脱传统观念的束缚，解放思想，与时俱进；二是要充分考虑大数据、移动互联等现代信息技术快速发展的时代背景；三是要适应快速增长的用户知识需求和要求；四是要把知识服务业务流程作为机构设置的重要依据，要充分体现机构为流程服务的理念，而不是流程为机构服务的理念；五是要有利于知识服务功能的高质量实现。

（6）知识服务管理制度。管理制度的制定和实施是高校图书馆实现知识服务功能的制度保障。知识服务的管理制度涉及知识服务的过程管理、知识服务员工的岗位职责、教育培训、合同管理、涉密管理、收费管理、绩效评价等多个方面。科学合理的管理制度是知识服务活动依法、规范、科学、顺利进行的重要保证。因此，高校图书馆要高度重视知识服务的各项制度建设，制度建设要实现时代性、科学性、合理性、规范性相统一，一是可借鉴知名高校图书馆的做法；二是要结合图书馆开展知识服务的具体工作实践；三是要依法依规，遵守国家的法律法规；四是要体现用户至上的思想。

（7）知识服务环境。知识服务环境也是影响高校图书馆知识服务能力和水平的一个重要因素，主要分为内部环境和外部环境两个方面。内部环境主要包括校内各类用户的知识意识和知识能力、图书馆管理者对知识服务的重视和参与程度、学校给予图书馆的经费投入情况、图书馆用于知识服务的资金投入情况、图书馆知识文化建设水平、图书馆馆员工的综合素质和能力水平、图书馆对知识服务的宣传力度、网站建设水平、局域网建设水平、拥有的软硬件设备情况等。外部环境主要包括国家法律法规和政策支持力度、主管部门和行业系统的相关制度规定、校外用户的知识意识和知识能力、国家信息技术基础设施水平、同行知识服务能力和水平等。

2. 知识服务体系特征

（1）知识丰富，内容全面。校内图书馆历史悠久，藏书丰富，自古以来都是广大师生查找资料和学习的重要场所。传统的服务形式大多靠图书管理员操作，目录烦琐，查找起来非常不方便，耗费时间长，无法满足多人的同时需求，数据精确度也普遍偏低，故此图书馆的使用效率一直得不到提升。随着信息化的发展高校图书馆除了传统的纸质资源，更加便捷的电子化资源也可以随时供读者查找，从而满足了学生多元化的需求，同时也提供了更加细节化的方案，在信息化技术的辅助下，根据藏书类型，进行分类处理，让查找更加便捷，图书馆的利用率得到显著提升。随着科技的不断发展，图书种类也不断更新换代，为学生提供更加丰富的专业知识，还采购了大量各专业相关的辅助教材，帮助学生更细致化地巩固所学内容，巩固所学知识。

（2）服务范围广。图书馆的利用率最直接的影响因素是服务能力。信息时代人们工作和学习的脚步加快了。如果校内图书馆的服务模式还停留在传统中，查找效率低，耗费时间长，那么时间久了，就会影响大家学习的积极性。即使图书馆内藏书全面，资源丰富，但是如果需要浪费大量的时间和精力完成查找工作，也会给图书的利用价值大打折扣，因此服务升级非常重要。图书馆在发展创新中要不断进行完善，增加服务种类，除了原来的基础服务外，再增加好书推荐栏目；从图书搜索环节进行整改，为使用者提供更多的筛选机会，比如，查找形式可以以图书名称、作者、出版社等为搜索关键词，从而方便不同需求的查找人群，使得查找工作更加高效便捷。

在好书推荐环节，高效率的查找软件可以根据学生近期的查找记录进行有目的性的推荐，从而省去更多的查找环节，让每个阅读者体会到更好的阅读感受。另外，可以建立微博、微信等公众平台，鼓励学生提供合理化建议，然后对反馈结果进行筛选，根据学生需求进行服务完善，为大众打造综合全面的高效服务。

（五）高校图书馆知识服务能力影响因素的理论基础

1. 知识服务理念

大数据环境下信息资源的时空结构受到冲击和重塑。从时间上看，数据的收集、管理、交换、存储等行为受到重视，数据之间的内部关联性显著增强；从空间上看，信息资源空间分布趋于扁平化与多样化，利用信息资源进行动态提炼进而实现知识服务和创新成为现实要求。随着信息技术的高速发展，信息资源无处不在，对存在的大数据进行深度挖掘以获取个性化、有价值的深层次知识服务成为必然。高校图书馆作为知识密集型的实体，担负着为高校师生提供文献信息借阅和查询服务及教学科研教育的职能，他们对此类知识服务的需求更加强烈。大数据时代，从海量数据中释放的价值和能力正不断促进着知识密集型实体、经济和社会转型升级。因此，高校图书馆要利用其丰富的馆藏知识资源挖掘出更多的知识资本和价值，促进其服务模式的转型与发展。这需要与时俱进的精神，摒弃传统高校图书馆的服务理念，统一知识服务认识问题，认真研究知识服务相关理论与最新进展，明晰知识服务业务发展的远景规划，牢固树立大数据思维，充分认识新兴信息技术带来的深刻变革与便利，从而利用先进信息技术为高校图书馆服务模式的转型提供发展新动能，为高校师生的科研工作、管理决策、创新创业等提供知识支持。同时，高校图书馆在传统借阅服务与新兴信息服务业务两者的抉择中要转变畏难情绪，积极应对大数据环境下高校图书馆知识服务业务变革。此外，由于大数据时代信息泛滥，科研人员在数据收集、项目分析等方面往往因渠道限制存在滞后性、片面性，并且随着学科种类不断细分、边缘学科不断涌现，跨学科、跨专业的知识需求逐渐增多，研究人员迫切需要与科研项目相关的针对性知识。对此，高校图书馆不能再局限于传统定制信息服务，而要实现信息的实时性、针对性服务，满足用户知识个性化、多元化以及专业化的诉求。这要求高校图书馆积极参与学校教学和科研，主动整合信息资源，打破“信息孤岛”，根据师生需求提供知识服务，进一步强化高校图书馆在高校中的地位。

2. *知识服务资源*

知识服务资源是指高校图书馆所拥有的纸质图书、期刊、报纸等物质资源以及学科专题数据库、特色学科专业数据库等电子资源。这是高校图书馆知识服务能力的基础，也是高校图书馆对高校师生、科研人员进行知识服务的条件和保障。因此，知识服务资源对提升高校图书馆的知识服务能力具有重要作用。综合考虑高校的定位、优势学科以及高校师生、科研人员对信息资源的需求状况等，以明确高校图书馆信息资源建设目标；继续增加高校图书馆馆藏资源数量，确保文献信息资源完整、全面和系统；丰富馆藏资源构建知识联系，完善知识网络，打造知识体系等，这些均已成为高校图书馆努力的方向。因此，充分利用高校图书馆现有馆藏资源，优化文献资源结构，建立完善的信息资源保障体系，是满足用户需求，也是提升高校图书馆服务质量的立足点。高校图书馆承担人才培养及科学研究重任，所以，高校图书馆信息资源建设工作要紧紧围绕人才培养目标和高校发展规划进行，根据高校学科建设情况与未来发展需求，科学调配纸质资源和数字资源，实现高校师生全面有效利用高校图书馆馆藏资源。

大数据环境下，新兴信息技术及声、光、电、磁等新材料的广泛运用使高校图书馆信息资源呈现多元化。传统纸质文献书籍向多媒体、数字化方向发展，音频和视频资源不断增加，高校图书馆信息资源类型丰富，实现了资源容量扩充；同时，将不同媒体的信息资源进行加工重组，实现数据资源的跨媒体知识融合，既可以满足用户不同的知识需求，还能为高校师生提供精准化、智能化的知识服务。

当然，高校图书馆信息资源类型多样仅仅是其提供知识服务的一个重要因素，信息质量问题也不容忽视。高校图书馆信息资源所提供的信息质量是知识服务成败的关键。在大数据信息处理技术下，用户需求是否被满足取决于信息的质量。图书馆专业人员结合图书馆信息资源围绕高校师生知识服务需求进行业务操作，以达到受众群体知识服务期望值。因此，信息资源质量是高校图书馆的知识服务质量的核心。

3. 知识服务平台

图书馆知识服务平台是各种信息资源进行交换和互动的载体，也是多种垂直应用的聚合。知识服务平台促使用户数据汇聚，内置多种服务模块，拥有需求分析、知识集成等工具。因此，高校图书馆知识服务平台需要具有强大的数据库存储、分析处理能力，这要求高校图书馆提供完备的信息基础设施，构建强大的网络系统，实现不同网络中的用户相互交流、共享资源、数据查询等行为。信息基础设施体现了高校图书馆对知识服务的投入，设施越完备，知识服务开展得越好。大数据环境下，数据之间彼此存在较强关联性，将数据进行深入分析和融合后会产生更高的价值。高校图书馆在进行知识服务过程中，不断产生用户数据、需求数据以及处理数据等一系列数据资源，大数据的应用成为高校图书馆服务用户的重要方式。同时在大数据环境下，高校图书馆需要以专业知识和专业技能作为基础，依据用户知识需求，设计知识服务的实施过程，形成解决方案的集合。在整个服务过程中，高校图书馆根据用户知识服务需求，检索符合其需求的解决方案集合，使用最优化管理技术对所提供集合中的方案一一进行服务质量评估，从方案集合中选出最优解或一组最优服务方案，满足用户知识需求。高校图书馆提供知识服务的方式越多，满足用户知识需求方案的集合越大，可供选择的方案越优，进而越能适应高校图书馆的创新发展以及最大限度地解决用户个性化的知识需求，最终提升高校图书馆的知识服务能力。

4. 知识服务流程

大数据环境下，数据的收集、整理、分析、利用等方式都发生了变化。首先，大数据的类型多样且结构复杂，数据处理难度呈现递增趋势，为实现数据价值最大化，还需对数据进行抽取、集成、关联和聚合；其次，数据处理方面，对原始数据进行数据清洗和预处理后，海量数据如何导入分布式数据库成为一大难点：再次，数据分析是大数据处理过程中最重要的部分，而传统数据分析技术不再适用，需要及时调整来应对挑战；最后，为达到预期效果，需要通过各种算法对数据进行深入分析，这个过程对算法的要求较高，而且需要计算的数据量庞大，对数据库、计算机等软硬件设备提出了一定要求。因此，大数据环境下，高校图书馆需要对馆藏信息资源中的大量文献信息资源和数字信息资源进行检索、收集、处理、加工，得到具有增值价值的知识，满足不同目标用户的知识需求。与此同时，知识的种类多样，包括广义型知识、特征型知识、偏离型知识等，所以知识发现与识别成为高校图书馆的一种重要能力，在海量信息中识别有用的知识并加以提炼与加工可以体现出高校图书馆的社会价值。由于存储信息资源能力有限，高校图书馆需要在众多渠道中建立相应的知识流通机制以保证高校师生及时获取所需信息。机制的建立也成为高校图书馆知识获取的关键。大数据环境下，随着信息技术的广泛普及，信息资源呈现迅速增长趋势，高校图书馆知识组织能力变得尤为重要。高校图书馆既要对信息资源进行分类整合、归纳处理，又要明晰用户知识需求，解决用户问题。高校图书馆知识组织是基于用户需求的动态过程，在知识服务流程中占据重要位置。同时，在知识服务过程中，高校图书馆信息资源的赋存状态不一，为达到给用户提供针对性服务、更好地满足用户需求的目的，高校图书馆需要洞察用户知识需求与偏好，将信息资源进行转换，把高校图书馆馆藏信息资源转换为用户所需的资源类型，提高图书馆知识服务质量，确保知识服务的高效性。此外，大数据时代，数据无处不在，而知识是在数据的基础上进行加工处理，是认识客观世界的成果。知识成为一种新的社会生产资源。因此，高校图书馆作为知识资源集聚区，需要建立一套健全的制度体系对知识资源进行保护，这同样是对知识资源的检验，以保证知识的可靠性。知识的价值在于流动和使用，将知识传递给用户，从而实现知识的再发现和再创造，促使新知识和新应用的产生，成为高校图书馆知识服务的可持续发展能力。所以，知识传播能力是高校图书馆发挥其社会价值的重要体现。

5. 知识服务手段

大数据时代下，海量数据集的出现使高校图书馆在为用户提供知识服务时遇到了新的契机和要求。在庞大且类型多样的数据中准确、快速地挖掘出用户所需知识成为高校图书馆在知识服务过程中的核心工作，同时也是其工作难点。高校图书馆开展知识服务是以信息技术与网络应用为前提的，搭建高校图书馆知识服务体系，首先要健全其技术体系。当前高校图书馆知识应用技术体系中主要包括知识开发技术、知识共享技术、知识应用技术和知识创新技术。知识开发技术包括 Map Reduce 技术、云计算、Hadoop 技术等；知识共享技术包括工作流、群件技术与 Blog 技术等；知识应用技术包括知识图谱、知识库、文档管理、智能检索、推送技术与导航技术等；知识创新技术包括 E－Learning、智能代理等。现代化信息技术的使用是高校图书馆实现知识服务体系的技术支持，也是高校图书馆继续前行发展的根本动力。技术体系作为高校图书馆知识服务过程中的关键环节，其中，知识开发技术是高校图书馆知识服务过程中的基石，知识共享技术是高校图书馆知识服务过程中的重要因素，知识应用技术和知识创新技术是高校图书馆知识服务过程中的战略支撑。知识开发是对高校图书馆知识资源的提炼重组，是高校图书馆提供知识服务的前提准备。知识共享使高校图书馆馆藏知识资源进行传播与交流，促使知识得以补充和生成。知识应用是实现高校图书馆信息资源核心价值的体现，是知识服务效果的直接彰显。知识创新能够提高高校图书馆的竞争能力，助推高校图书馆高质量发展。大数据环境下，高校图书馆应将上述技术进行有效融合，通过整合多种技术形成立体服务体系。信息技术的开发与应用在极大程度上影响着知识服务的效果，是高校图书馆知识服务工作的重要组成部分，它属于高校图书馆知识服务的外生机制，既可以直接影响高校图书馆知识服务能力，也可以通过影响高校图书馆知识服务能力的内部因素间接产生作用。同时，作为高校图书馆知识服务运行机制中的重要部分，信息技术提高了知识服务过程中各个环节的运作效率，如提高了用户获取高校图书馆知识服务的便捷性、知识服务过程中用户与图书馆间的交互性、知识服务最终结果的有效性等。

6. 知识服务团队

知识服务团队是高校图书馆围绕用户提供知识服务的全体人员，是知识服务过程中与用户直接交流沟通、获悉用户具体知识需求的一个共同体。高校图书馆在人才队伍上投入的多少，体现了高校图书馆对知识服务团队建设的重视程度，高校图书馆知识服务团队建设情况决定了其知识服务水平的高低。因此，合理的人员规模、服务人员的专业素养以及强大的咨询团队等，都是高校图书馆知识服务团队建设的关注重点。高校图书馆工作人员学历背景、专业背景不一，如何最大限度地发挥其优势特长，高效高质地完成工作任务安排成为首要问题。而高校图书馆根据岗位职责适当安排人员规模，进行不同专业背景人员间的合理搭配，采用动态调节、能级对应、优势定位等原则，实现人尽其用是解决问题的关键。大数据环境下，由于信息技术的发展带来数字信息资源获取的便捷性，文献信息资源数字化成为发展趋势。高校图书馆服务人员只有掌握现代信息新技术，主动对馆藏资源进行整合、集成，开发知识服务产品，才能更好地运用新技术满足用户需求。除此之外，高质量的知识服务是由具有高素质的图书馆工作人员完成的。用户面对浩瀚的信息海洋，需要的是具有文献检索、分析、挖掘和组织能力的知识服务人员对其开展的针对性服务。对此，高校图书馆知识服务人员除了要有扎实的图书情报理论知识和跨学科知识外，还应该具备知识组织与分析能力，熟练掌握大数据、互联网和数据挖掘技术等。大力引进具有新兴信息技术专业背景的技术人才是高校图书馆适应大数据背景下知识服务发展需求最有效的方式，但受限于人员编制、薪资要求等因素，高校图书馆对此类人才的吸引力并不强，所以，对现有图书馆工作人员进行专业培训成为主要方式。高校图书馆在知识服务团队建设中，要提供良好的继续教育平台、专业技术培训平台以及终身教育平台等，引导知识服务人员紧跟时代需求，不断加强自我学习以保持竞争力，通过高素质的知识服务人员提供高质量服务水平，高校图书馆也将从中获益，从而实现双赢。高校图书馆提升知识服务能力还应调动服务人员的主观能动性，变被动服务为主动服务。对此，高校图书馆需要创新服务激励机制，从薪资待遇、岗位晋升、职称评审等方面激励提供高质量知识服务的图书馆工作人员。高校图书馆应制定科学合理的绩效考评机制，以激发知识服务工作人员的热情，最终实现知识服务创新发展。此外，高校图书馆应建立一支由知识服务工作人员、专家学者以及高校数字图书馆联盟组成的强大的信息咨询队伍，以快速、精准、高效地满足用户信息需求。

7. 知识服务环境

高校图书馆知识服务能力的提升是一项复杂的系统工程，不仅受高校图书馆自身内部环境影响，同时也受外部环境影响。从具体来源看，外部环境是社会和技术发展环境，主要包括社会的知识经济状态、科技水平、社会文化水平、国家政策等因素；内部环境是行业和事业发展环境，主要包括结构性环境和文化环境等因素。知识经济是建立在知识、信息等智力成果上进行生产、使用的经济，其与农业经济、工业经济的区别之处在于知识经济侧重于脑力劳动。社会的知识经济状态体现出人们对知识的态度，对高校图书馆知识服务存在着潜移默化的影响，人们对知识的要求进一步提高，对高校图书馆知识服务起到促进作用。

大数据背景下，新兴信息技术作为高校图书馆发展的重要支撑技术，对高校图书馆具有重要影响，先进的信息技术手段可以为图书馆知识服务的人员信息收集、隐性知识挖掘、知识产品加工、知识转化传播提供技术条件。因此，大数据环境下，高校图书馆知识服务对信息技术的依赖作用将被放大，信息技术发展程度和科技发展水平等都对高校图书馆建设起到支撑作用。高校师生、科研人员对信息资源的需求有着更高的要求，他们并不希望检索出来的信息仅仅是从互联网上复制粘贴下来的，而且是经过整理重组后的新内容。对此，社会文化水平不仅对用户需求产生影响，也督促着高校图书馆知识服务人员不断学习，双向促进高校图书馆知识服务体系建设。同时，一系列图书馆信息化建设标准、国家相关政策与制度，共同推进了高校图书馆信息化、数字化建设，为高校图书馆知识服务的顺利开展提供了有力保障。大数据环境下，人工智能、云计算、物联网等信息技术为高校图书馆知识服务提供了技术支撑，而工作制度、流程标准、职责分工、绩效考评、组织管理等构成的结构性环境为高校图书馆知识服务提供了实现的可能。结构性环境是在制度层面对高校图书馆知识服务进行规范和支撑，是知识服务价值与地位的保障，其形成与否关系着知识服务效果的好坏；而文化环境是高校图书馆知识服务的精神支撑和引导方向，一般包括价值体系、组织文化等，为员工提供探索和创新的动力，并将知识服务作为高校图书馆建设和优化的重心。例如建设学习型图书馆，协助用户进行知识创造，形成思想交流、经验分享和智慧碰撞的氛围，以促进高校图书馆知识服务文化建立，指导高校图书馆正确发展。因此，文化环境作为高校图书馆制度层面下的一种柔性展现，保证着高校图书馆各个环节的健康运行。

（六）高校图书馆知识服务现状分析

1. 现有的信息服务内容

目前，用户能够在高校图书馆内所享受到的信息服务内容主要涵盖传统信息服务、虚拟信息服务、个性化服务和学科信息服务四方面。

（1）传统信息服务。基本上，凡是高校图书馆都会提供此类信息服务，用户可以在图书馆内检索文献以及情报，图书馆也会向用户传递所收集的文献资源，以及对书籍进行推荐，等等。当然，这些服务项目占据比重各有不同，“文献检索”方面和“图书推荐”方面所占比重要更高一些，高校图书馆也正是通过上述服务项目对自身功能进行充分发挥，实现知识职能和信息传递职能。在高校图书馆提供的服务项目中，“情报检索”方面往往占有较低比例，这是因为目前我国高校图书馆没能形成更加鲜明、更加清晰的知识服务层次。因此，在今后的发展过程中，高校图书馆应当着力提高在专业知识信息方面的服务水平，进一步优化知识服务结构。

（2）虚拟信息服务。无论是电话咨询还是电子邮件咨询，都属于高校图书馆在虚拟空间内所提供的服务范畴。同时，图书馆还具有教育功能，为了更好地提高用户对知识的运用能力，高校图书馆常常会在馆内进行相关培训，如新生培训等。高校图书馆还可以借助互联网的力量，在虚拟空间内对用户开展网络培训。

就提供虚拟信息服务而言，相对国外来说，我国高校图书馆起步较晚。然而，通过不断的发展、不断的积累，高校图书馆在虚拟信息提供方面已经取得了可喜的成果。当我们在互联网上进行搜索时，能够很直观地看到各大高校图书馆搭建的网站，这些网站都提供有“咨询台”服务，当用户浏览网站时，就可以通过“咨询台”十分便捷地与高校图书馆进行联系，告知其自己想阅读的书目或者其他有关需求。而高校图书馆管理者也能根据用户当前的、实际的阅读诉求，更好地提供有针对性的服务，让服务更加个性化、精确化。互联网具有开放性、便捷性，能够促成用户和高校图书馆管理者之间的及时沟通，从而避免信息滞后，让高校图书馆管理者实时了解、掌握用户在阅读方面的需求，让用户更快速地得到所需要的服务，拥有满意的阅读体验。当前，高校图书馆主要借助电子邮件对用户反馈信息进行收集，电子邮件使用方便、快捷，是实现图书馆咨询服务水平提升的有效渠道，具有很高的应用价值；同时，它的发展空间也很充足，有待高校图书馆进行深入探索。

（3）个性化服务。同样是提供阅读有关的服务，传统图书馆的方式较为单一，是由图书馆选择优质的图书资源，向读者进行推送。这种方式存在一定的不足，它只是由图书馆单方面对图书资源进行挑选，而没有充分发挥读者的主观能动性，也不利于读者在阅读选择方面能力的提升。现如今，社会不断发展进步，读者的阅读水平进一步提升，阅读需求也出现新的变化，因此，在图书馆提供的阅读服务方面，读者应当起到主导作用，并且这一主导作用应得到图书馆的充分尊重。只有让读者的主观能动性得到尽可能的发挥，才能更好地提高图书馆的服务质量，使其获得更好的成效。针对读者想在阅读能力方面有所提升，图书馆可以采取“专业培训”方式，开展有关信息检索等实用技能的讲座，让读者了解并掌握自主知识服务技能。在读者习得有关技能之后，就拥有了更多的途径来获取知识，从而能够更充分地对图书馆馆藏资源加以利用。当前，我国图书馆的个性化服务内容尚不够丰富，主要围绕“委托到书”和“预约到书”两部分开展，需要以此为基础，进一步优化知识服务模式，促使其迈向更高层次。

（4）学科信息服务。高校图书馆在提供学科信息服务时，首先要确保自身能够有效地供应相关学科文献资源，继而将电子资源链接提供给用户，实现知识服务的有序发展。

2. 知识服务要求的转变

“知识服务”属于图书馆整体服务体系的一部分，在建设图书馆整体服务体系时，高校图书馆所提供的知识服务起到非常重要的作用。部分高校图书馆已越来越重视对知识服务的提供，通过详细制订知识管理方案、优化知识管理方式，确保在建设图书馆的过程中，知识服务能够满足相关要求。但是我们也要看到，现如今，就知识服务模式的应用而言，高校图书馆还存在一定欠缺，如知识服务层次有待提升、管理人员综合素质较低等。在提供服务方面，高校图书馆往往没有制定配套的激励机制。因此，部分图书馆馆员在服务用户时存在不积极、不主动的问题。作为知识供应主体，假如高校图书馆服务人员自身缺乏服务观念、服务意识，那么服务质量也就无从谈起，读者也很难在阅读时得到及时、有效的服务，很难满足自身的阅读需求。高校图书馆需要对此问题予以重视并加以解决，进一步优化服务技术、提升服务层次，特别是要将更多的高新技术应用于所开展的服务活动之中，为提高高校图书馆知识服务质量打牢基础保障。

（七）高校图书馆知识服务模式的构建途径

1. 优化知识服务资源

知识服务资源建设是高校图书馆知识服务能力提升的基础保障，是高校图书馆知识服务活动开展的源泉。知识服务是高校图书馆建设的目标，知识服务资源建设则是高校图书馆维持其核心竞争力的前提。

（1）完备高校图书馆知识资源储备。大数据、信息化的快速发展，使得高校图书馆用户对知识服务的需求更加多样化，这就需要高校图书馆拥有更加丰富多样的数据、信息和知识资源储备。因此，高校图书馆应建立合理的知识资源存储体系，完善高校图书馆知识资源储备。

①利用数据对馆藏建设服务进行挖掘与拓展。在高校图书馆对信息资源服务予以提供的过程中，许多原生数据也随之产生，包括 OPAC 流通数据、电子资源数据以及网站点击数据等。高校图书馆要想对纸质或数字馆藏资源服务情况进行及时了解与掌握，就要利用好这些原生数据，对其加以梳理汇总、挖掘分析。例如，当高校图书馆想要对藏书结构进行评估时，可以选择跟踪并分析读者及其阅读行为，从中获取相关信息；再如，如果想要更准确地掌握读者真实阅读需求，高校图书馆就可以收集读者的有关数据，包括阅读习惯、借阅行为、检索方式等，并对其加以整合、详细分析，以此为基础向读者提供更具针对性、更能满足其需求的服务，这样的服务自然是优质高效的；又如，高校图书馆可以定期研究其所采购的电子资源（中外文），通过有关数据了解其实际使用情况，采用交叉关联等方式，对这些电子资源的性价比进行全面分析，从而更准确地评估建设

电子资源方面的合理性，并形成有关报告。在此基础上，高校图书馆就可以创建一座评估数据资源库，其不仅具有科学性、实用性，更富有本馆鲜明的特色。这样，当高校图书馆想要制定采购决策，建设馆藏资源的时候，就有了相应的数据支持，采购将更合理、更精准。因此，对这些原生数据进行分析，也能为图书馆建设与发展提供强有力的支持。

大数据时代的到来对图书馆提出了全新的挑战。仅仅对结构化的数据进行收集、对读者需求进行了解还远远不够，高校图书馆还要着眼于那些半结构化、非结构化的数据，对它们进行细致挖掘、深入分析，从而更加全面地掌握现阶段本馆提供知识服务情况，并对未来可能的发展方向、发展状况予以预测，只有这样，在本校的信息服务领域，高校图书馆才能始终处于中心地位。与此同时，我们也要注意，图书馆对数据进行挖掘、分析后形成的信息与报告，往往受到时间与空间的限制，只有在特定的时间段、特殊的空间内才能显露其价值。因此，高校图书馆在挖掘数据的时候，也要考虑如下两方面问题：其一，要及时对数据进行收集与加工，避免因“过期”而出现失去效用等问题；其二，要对数据报告的时效性加以研究，考虑如何对其进行延长。

②加强高校图书馆特色知识资源库建设。各高校图书馆知识资源的存量不尽相同，为提高自身影响力和核心竞争力，各高校图书馆需加强特色知识资源库建设，打造各高校图书馆自身特有的学术与文化优势。一方面，部分文献资源在特定的研究领域中具有重要的导向作用和参考价值，高校图书馆在满足知识服务需求的同时，可以根据高校自身性质、研究方向与发展目标，加大对潜力高、权威性强、具有代表和动态性的纸质资源及国内外优秀数据库的采购力度，提高馆藏资源质量；另一方面，高校图书馆可以借助网络技术、知识挖掘技术等先进的科学技术与方法，将本校师生、科研人员的学术成果与科研成果进行收集、存储与处理，建立本校特色知识资源库。

③加快高校图书馆知识资源更新速度。信息激增时代，高校图书馆用户的知识需求量逐渐增多，知识需求面愈加广泛，为满足其日益增长的需

求，高校图书馆需强化数字资源库建设，加快知识资源的更新速度，通过线上线下多个渠道获取各类知识资源，满足用户个性化、多样化的知识需求。此外，高校图书馆知识服务人员在保证知识资源数量充足的同时，也需要对海量信息进行甄别，以筛选出符合图书馆需求的高质量资源，促进高校图书馆知识服务能力提升。

④建立合理的知识资源存储体系。图书馆知识资源的存储主要包括传统资源和数字资源两种形式。在信息技术快速发展的时代，由于电子文献具有较大存储量，且更新频率较高，获取方式更加便捷，使得用户的阅读偏好逐渐由纸质文献转向电子文献，对传统资源的需求量逐步下降。但与电子文献相比，传统文献仍具有强大的生命力，图书馆馆藏纸质文献是其多年累积的成果，可以展现出高校图书馆独特的发展历程和学科背景，具有不可替代性。因此，高校图书馆应兼顾传统资源和数字资源，合理规划知识资源分配比例，使其在数量与结构上能够良好搭配，从而建立科学的知识资源存储体系。为此，高校图书馆可以一方面针对使用频次较低或较难保存的纸质文献资源，采取分布式合作存储模式，将其进行扫描转化为电子文献从而节省馆藏空间，降低成本，也方便知识资源的存储和调用；另一方面，针对各类学科专业的知识资源进行收集，增加图书馆馆藏文献数量和知识资源库的拥有量，丰富高校图书馆知识资源储备。

（2）挖掘高校图书馆知识资源的深层利用价值。传统检索方法只能获取高校图书馆内部馆藏知识资源中的显性知识，而图书馆馆藏知识资源不仅包括显性知识，还蕴藏着丰富的隐性知识。因此，高校图书馆可以采用新兴信息技术，深入挖掘其潜在的隐性知识中蕴含的深层利用价值，为用户提供深层知识服务。

①深入挖掘高校图书馆知识服务资源的价值。面对信息资源数量庞大、覆盖范围广阔的互联网资源，高校图书馆应实施解析组织手段，加大资源投入力度，发挥数据挖掘、数据处理等新兴信息技术在知识发现与识别过程中的优势，对互联网信息及高校图书馆馆藏知识资源进行采集与处理，对数据挖掘、智能分析产生的信息进行二次处理，从而挖掘具有深层

利用价值的知识资源。针对结构化、半结构化的显性知识，高校图书馆可以对其进行分析、组织和集成化处理，挖掘出能满足用户需求的知识单元；针对非结构化类型的信息数据，运用可视化技术将其整理建设为视频知识资源库，以方便用户的检索和提取，提高知识服务资源利用效率。

②建设高校图书馆知识网络体系。知识网络是基于知识参与者的社会网络，能够实现知识在用户、组织内与组织间的流通和传递，知识用户可以通过使用知识网络进行信息沟通与合作，从而实现知识创造和知识应用。高校图书馆可以利用引用链接和知识元链接等技术，根据文献资源间的印证关系、知识概念等关联进行引文链接，再结合主题链接、行为关系链接、聚类关系链接及属性链接等关联途径，将高校图书馆内中文文献数据库、各知识资源库进行整合，建立高校图书馆知识网络体系，实现数据之间、信息之间及知识单元之间的内容关联，从而挖掘其潜在的隐性知识资源。

③实现高校图书馆知识服务资源共建共享。新型信息环境背景下，用户对知识服务的需求不再满足于单一图书馆馆藏知识资源，高校图书馆知识服务资源共建共享成为新的发展趋势。因此，高校图书馆在知识服务资源建设过程中，应以资源共建共享为理念，发挥自身学科背景优势或地区优势，积极开展知识服务合作，将各高校图书馆知识服务资源库、知识服务平台、知识服务专家组等组织起来，建立系统化或地区化高校图书馆知识服务联盟合作机制。以互联网为媒介，构建知识服务资源共享平台，开展合作、联合服务，以实现知识服务资源共享、知识服务团队共建的目标，提升知识资源的利用价值，进而促进高校图书馆知识服务能力的提升。

（3）提高高校图书馆知识整合水平。知识整合是指以知识管理方法为手段，通过对知识资源库进行数据整合和信息整合，将其内部知识资源进行重新整理、凝聚，形成多维多层且相互关联的知识体系的一种知识处理方式。高校图书馆知识整合的目标是按照一定的原则，利用信息技术手段，对高校图书馆内现存的大量处于无序状态的数据、信息及知识资源进行整理和优化，使其处于有序化状态，从而便于知识的获取、存储、利用和传递。通过对知识资源进行整合，实现知识的创新与再生，已逐渐成为大数据背景下高校图书馆知识服务资源建设的重要发展趋势。

高校图书馆在对知识资源进行整合与处理时，可以利用各类信息技术，以知识单元为基础，利用不同内容知识单元间的印证关系，将图书馆内部各数据、信息、知识或文献紧密联系起来，便于知识服务用户的获取和应用。对于现有文献资源信息较为密集、复杂、缺乏结构性与系统性的某些领域，高校图书馆知识服务人员可以利用各类信息技术，进行知识挖掘、关联与回溯，探索隐性知识结构，对现有文献进行一定的整理加工、分类归纳，然后根据用户需求在原有文献基础上形成二次文献、三次文献，帮助用户实现数据信息资源的有效处理，为用户提供一站式服务，满足其学术研究需求，并提供决策参考。

对于一些交叉性学科或专业，高校图书馆知识服务人员可以对原有学科及交叉后形成的新学科在某一时期内的相关学术成果、科研成果、会议文献等信息或知识分别进行整合与重组，得到这一交叉学科目前所处发展状态及其在这段时期内的发展特征等信息，帮助高校师生、科研人员等识别影响该交叉学科发展的关键影响因素，预测该交叉学科在未来一段时期内的发展趋势，从而充分发挥各学科、专业知识单元的混合优势，有利于各学科、各专业的交叉融合。

2. 建设知识服务团队

知识服务团队是指所有参与高校图书馆知识服务活动开展的图书馆工作人员，是知识服务过程中与用户直接交流沟通、获悉用户具体知识需求的主体，也是联结高校图书馆与图书馆知识需求用户的桥梁。高校图书馆知识服务团队的人才队伍建设情况直接影响其知识服务能力的强弱。因此，高校图书馆必须重视其知识服务团队建设的人员规模、人员结构及专业素质等。

（1）建立高校图书馆知识服务人才稳定机制。人才是实现民族振兴、赢得国际竞争主动的战略资源。因此，高校图书馆应基于“人才强校”背景，以“人才是第一资源”为原则，加大对高层次人才的引进和培养力度。

①加大高校图书馆知识服务人才引进力度。高校图书馆应以加快图书馆个性化、面向用户需求、面向科研需求等知识服务建设为目标，积极引进高层次人才，提升高校图书馆人才层次水平，增强图书馆核心竞争力。图书馆在人才引进过程中，要兼具全局观念和大局意识，立足于自身岗位需求和发展现状，长远规划人才招聘计划。同时要考察应聘者的综合素养，不仅要重视人才的学历水平、能力素养和专业素养，考察其是否具有教师应有的师德师风、是否热爱高等教育事业等，还要按照实事求是的原则，根据职务需求选聘人才，通过专业知识与职业技能测试，挑选符合图书馆需要的技术与管理人才。

②完善高校图书馆知识服务人才激励机制。当前，高校图书馆高层次人才引进后，其用人、留人工作不够到位，未能实施有效的人才激励保障政策，导致人才大量流失问题突出。因此，高校图书馆应完善高层次人才激励制度，实施有效的人才激励措施。通过对人事制度进行改革，完善以绩效为导向的薪酬激励体系，实行高效率、高绩效、高薪酬奖励模式，将政治性奖励和经济性奖励有机结合，从而进一步激发人才的工作积极性和活力。此外，高校图书馆可以灵活设定奖励机制，如科学制定一次性重大奖励制度，对工作表现突出、成就突出的优秀人才进行荣誉表彰和经济奖励等。具体可以采用以下几种人才激励机制。

第一，实行差别激励。想要让图书馆馆员在工作中更具积极性、主动性，就要充分发挥激励的作用。每一个馆员都是不同的个体，他们内心的需求自然也有所不同。因此，我们所实行的激励不能是单一的，而应当有不同方式，做到因人而异，这样才能达到预期的激励效果。在制定激励政策、建立激励制度的时候，高校图书馆要坚持“差异化”，更要注重激励的合理性、针对性，使其能够行之有效地促进馆员积极性的提升。由于受教育水平不同，道德修养不同，性格三观存在差异，高校图书馆馆员之间有着较大的个性区别。因此，当他们面对同样的激励制度时，产生的反应也是有所不同的——有的馆员被激发主观能动性，干工作更认真、更积极；有的馆员则“无动于衷”，干工作还是“老一套”“老样子”。唯有坚持差别激励，才能从根本上解决这一问题。当我们关注年轻馆员时，会发现他们自主意识相对较强，会对工作环境、工作条件有着更高的要求与期许；而中老年馆员则有所不同，由于他们年龄较长，因此也越来越重视稳定需求，工作时也鲜少锐意进取、追求突破，更多的是安于现状，与此同时，中老年馆员在荣誉和情感上存在更多的需求。高学历馆员和低学历馆员的追求也有不同，学历较高的馆员有着丰富的知识储备，知识素养较高，当他们工作时，所考虑的是如何更好地实现自我价值，如何满足自身的精神需求；而低学历的馆员更多时候想要获得的是自己在物质方面的需求。在对激励政策进行制定时，高校图书馆要详细地了解馆员的个人情况，并进行全面、深入的分析，划分出具体的不同类型，从而保证激励机制落地时能够有针对性地满足不同馆员的需求，让每一名馆员都能在机制的促进下积极主动地投入工作之中，实现最佳效果。

第二，实行荣誉激励。荣誉激励也是一种激励机制，它以马斯洛需求理论为基础。马斯洛需求理论对人的需求进行划分，得到五个不同的层次，而居于最高位置的，则是“自我实现”。基于此，在激励机制中，我们也可以把荣誉激励视为最终手段、最终举措。荣誉激励，顾名思义，即以荣誉作为激励的手段。高校图书馆可以制定相应的制度，在对馆员进行评优时，更多地考虑他们所做出的工作业绩。如果馆员的工作业绩能够满足要求，达到所设定的标准，那么高校图书馆就会给予其应有的荣誉。荣誉是一种精神激励，当获得荣誉时，馆员内心会感到喜悦与充实，因为自己的工作得到了肯定，同时也实现了自我价值，精神上将感到无比满足。在之后的工作中，馆员的心情会更加愉悦，工作时也会充满干劲儿，对自己要求更高，工作效率自然也会随之提升。在进行荣誉激励时，高校图书馆可以设立各种优秀奖项，如评选优秀个人、先进个人等。同时，激励的方式也是多种多样的，如对获奖馆员颁发荣誉证书，在大会上、新闻中进行公开表彰等。当然，高校图书馆还可以给予荣誉获得者一定物质奖励，如发放奖金、提供旅游机会等。在评选优秀馆员，给予其荣誉激励的过程中，既能够满足馆员个人内心对自我价值实现的需求，也能够打造典型标杆，让其他馆员看到榜样的力量，从而自发地产生动力，在今后工作中不断向着优秀馆员靠近，更加追求进步。这样，馆员队伍自然而然就形成了“能干、想干、主动干”的积极氛围，步入了良性发展循环。同时，我们也要看到，馆员队伍中仍会存在一些人，他们过分地安于现状，缺乏进取心。对于这些馆员，高校图书馆管理部门也不能“放弃”，而是要对其身上的优点进行挖掘，制定专属激励措施，尽可能地帮助他们进步，并让他们在每一次的进步中赢得他人的夸奖与尊重，感受到切实的精神满足。荣誉激励也能够进一步在高校图书馆管理层和馆员之间搭建桥梁，促进彼此之间的情感沟通、交流，有益于提高馆员队伍的整体素质与工作能力。

第三，实行目标激励。目标能够对人的动机进行指引，科学的、适当的目标能够引导人的行为，将成员个人和组织整体紧密结合在一起，从而激励组织成员。目标并不是遥不可及、难以实现的，它是可以通过个人的努力达到的一种预期结果。需要制定且明确的目标往往是外在目标，它不仅能够刺激人的需求，也能对人的需要予以满足。心理学领域将目标称为“诱因”，即用来诱发、引导目标个体的行为。目标是这样产生激励效用的：首先，它对个体动机进行诱发；其次，它对个体的行为加以引导；最后，在个体的努力之下，目标得以实现。通过上述分析不难看出，在人实现目标的过程中，无论是发挥积极性、主动性还是创造性，都离不开目标激励的作用。在制定目标时，要做到如下三点，以保证目标的科学性与合理性：其一，要制定可实现的目标；其二，要制定具有吸引力的目标；其三，要制定具有激励性的目标。唯有足够吸引人、能够激励人，并可以通过个人努力实现的目标，才能够切实发挥其效用。目标的形式具有多样性，并不拘泥于某一种固定形式，我们不仅能够制定外在的、物质方面的目标，如完成多少工作任务、拿到多少奖金等；还能够制定精神层面的目标，如实现何种荣誉等。高校图书馆在制定目标时要更加详细，要以不同部门、不同岗位馆员的工作实际为基础，结合图书馆整体发展情况，这样制定出的目标既能满足不同馆员自身的发展愿望，又能满足图书馆的发展需求，在对馆员工作的积极性加以激励、助推馆员发展的同时，也提高了图书馆整体的发展水平。

第四，实行参与激励。高校图书馆不是企业与公司，它属于事业单位，隶属于高校，因而也相对具有特殊性。其一，高校图书馆所侧重的是社会效益，这使得它在运用激励手段时，对馆员个人的经济利益触及不够；其二，因为高校图书馆是事业单位，馆员更多的是安于现状，缺乏竞争意识、危机意识。

随着社会不断发展，社会竞争也越发激烈，高校图书馆身处其中，势必要考虑生存与发展的问题。首要的就是改变传统的管理方式，突出民主管理，让馆员不再被动地接受管理，而是转换身份，成为高校图书馆的管理者、决策者，运用自己的经验智慧，在高校图书馆的发展过程中踊跃献计献策。通过参与决策，馆员能够充分发挥主观能动性，积极主动地将自身的创造才能投入工作之中。在参与高校图书馆管理、决策的过程中，一方面，馆员能够感受到高校图书馆对自己的认可与尊重，从而油然而生一种归属感，产生“主人翁”意识，以此为基础，高校图书馆馆员队伍就会拥有良好而融洽的工作氛围，拥有更加积极向上的团队精神；另一方面，管理者能够和馆员进行更为顺畅、高效的沟通交流，及时收集馆员提出的建议、要求，并予以反馈。在参与激励的作用下，馆员个人发展目标能够更好地与高校图书馆发展目标相结合，使得馆员工作更高效，高校图书馆发展更优质。

③优化高校图书馆知识服务人员结构配置。高素质人力资源是高校图书馆知识服务能力提升的战略资源，而合理的人力资源结构则是将人力资源的作用最大限度地发挥的基础。因此，高校图书馆应基于自身发展现状和发展需求，合理配置知识服务人员结构，做到人尽其才，才尽其用，人事相宜。高校图书馆人员结构优化应遵循以下原则：其一，能力匹配原则。高校图书馆应充分了解自身岗位需求，遵循能力匹配原则，使员工自身能力与其所在岗位相匹配。其二，优势对应原则。图书馆馆员工在选择

岗位时，应根据自身优势和岗位要求，选择最有利于发挥自身优势的岗位。其三，动态调节原则。高校图书馆应根据员工能力的变化和工作岗位的变动，及时动态地对人员配备进行调整。

（2）强化高校图书馆知识服务人员专业能力。在科学技术进步速度不断加快、知识更新周期不断缩短的背景下，图书馆知识服务人员所掌握的知识和技能正在逐步老化。为了保持高校图书馆知识服务能力，持续为高校图书馆用户带来良好的知识服务体验，高校图书馆需要强化其知识服务人员的专业技能，对知识服务人员进行专业培训。

①定期开展高校图书馆知识服务培训。大数据背景下，为适应云计算、数据挖掘、人工智能等新兴技术的快速发展，满足高校图书馆用户的个性化需求，高校图书馆知识服务人员应持续学习，不断提升自身能力。为此，高校图书馆可以定期开展专业技能培训，邀请图书情报领域、计算机领域、管理学领域有关专家开展讲座，或采取内部学习和组织团队外出学习等方式，开展系统化的培训工作，提升馆员各方面的知识与技能及文化素养。让图书馆馆员获取最新的图书情报领域行业信息，及时补充和更新自己的专业知识，了解图书馆各部门的发展动态，指导馆员工作方向。

②提高图书馆知识服务人员的沟通交流能力。高校图书馆知识服务活动的开展，重在知识服务人员与用户的沟通交流，知识服务人员只有与用户进行沟通，充分了解用户需求，才能为其个性化需求提供针对性知识服务。因此，高校图书馆可以从以下三个方面提高其知识服务人员的沟通交流能力：其一，协调馆员与用户的关系，提高馆员的理解能力与表达能力，使馆员能明确用户需求，为用户提供精确信息，建立优质服务：其二，协调图书馆内部团队成员关系，促进信息交流，提高团队工作效率；其三，通过培养馆员的人际沟通能力，优化宣传工作，促进图书馆知识服务营销，提高图书馆核心竞争力。

③注重高校图书馆知识服务复合型人才培养。高校图书馆可以在提高所有馆员知识服务专业能力的基础上，根据人事考核的结果以及知识服务需求，选拔优秀人才和表现突出的人才，将其培养为知识服务复合型人才，具

体做法是：其一，培养馆员熟练掌握相关网络工具及软件，提升馆员的数据挖掘、分析与整理等方面的能力；其二，培养馆员学术研究能力，学科馆员要对自身学科领域有深层次的研究，能够分析与评价学科发展态势，解答专业性问题，为图书馆学科资源建设提供发展建议；其三，培养馆员系统开发能力，维护图书馆的资源库与网络安全建设；其四，培养馆员的教育与管理能力，提升管理素质，面向用户开展培训课程，普及相关法律与产权知识，净化图书馆网络平台环境。

3. 完善知识服务环境

高校图书馆知识服务能力的提升是一项复杂的系统工程，不仅受高校图书馆自身内部环境影响，同时也受外部环境影响。良好的知识服务环境能明显地激发高校图书馆知识服务的热情和主动性，增强知识服务能力，提高知识服务效率和质量。因此，高校图书馆应大力营造开放、共享的知识服务环境。

(1) 营造良好的政策环境。大数据环境下，高校图书馆服务模式面临重大转型，为进一步提升图书馆知识服务的多元化和智能化水平，国家和政府应出台相应政策法规和标准规范，完善图书馆数据建设的相关服务协议。高校图书馆要根据国家、政府的有关政策，制定适合自身的管理和发展规范，推动图书馆知识服务活动顺利进行，提升知识服务效率。

①强化知识产权保护力度。知识产权是指权利人对其智力劳动所创作的成果和经营活动中的标记、信誉所依法享有的专有权利。网络资源的兴起，方便了资源的获取、存储与传播，带来便利的同时也加剧了侵权问题，阻碍了创作者的积极性。为营造良好的创新环境，国家应从宏观角度强化知识产权保护力度，授予创作者专有权利以内化创新成果的外部性，并严惩侵权行为。同时，高校图书馆和专家学者也应严格遵循知识产权有关规定，协调产权关系，为高校图书馆知识服务营造良好的发展环境。

②落实供给侧结构性改革。为深入贯彻全面发展理念，高校图书馆应将自身发展战略与政府宏观调控相协调，深入推进知识服务供给侧结构性改革。高校应从投资、制度、人才、创新等要素出发，综合提升知识服务

的供给质量：首先，高校图书馆可以采取激励政策，改进资金投入准则，充分调动图书馆知识服务建设的积极性，优化知识服务产权结构、要素结构，促进资源整合；其次，图书馆要加强服务团队建设，坚持职业素养和文化素养并重的原则，建立健全素质培训与绩效考核机制；最后，升级知识开发技术、知识共享技术、知识应用技术和知识创新技术，打造智能化服务，为用户提供创新型知识服务链，满足用户获取多样化知识的需求。

（2）开展知识服务协作机制。大数据时代背景下，随着传统高校图书馆服务转变为精细化知识服务，满足用户个性化需求和自身数字化建设，高校图书馆的发展环境已经发生了深刻变化：图书馆馆藏资源形式由单一纸质资源转为纸质、数据、音频多种形式资源共存；图书馆提供的服务由被动提供转变为主动智能、个性化推送；图书馆服务时间维度由按时转变为按需即时，等等。个性化服务和泛在服务虽然在一定层次上实现了即时、个性化、主动提供知识服务，但大数据时代背景下单凭某一高校图书馆馆藏资源和服务已不能满足用户多元、多样、深层次的个性化需求。在此背景下，通过与其他高校图书馆或资源供应商等信息机构协议合作以组建知识服务联盟就显得尤为迫切。高校图书馆可以根据自身的优势与不足，以共商、共建为原则，同其他高校、地方图书馆或区域内相关的科研机构开展合作，实现合理分工、知识融合、资源共享、优势互补。由于合作主体之间存在资源和能力的差异，合作之前应签署相关协议，明确彼此责任，保证各方利益的合理性。

①与其他高校图书馆组建图书馆知识服务联盟。传统图书馆联盟是指图书馆之间为降低馆藏成本、共享信息资源和利益互利互惠而协议建立起的一种联合体。我国图书馆之间进行合作组建图书馆联盟可追溯到20世纪90年代，但由于未形成有效管理机制，联盟经费受限和联盟价值未得到广泛认可，图书馆知识服务的共建共享一直还在理论探索阶段。

随着信息技术的迅猛发展，高校图书馆之间可以组建不再仅限于馆藏资源的共建共享服务机制，还可开展协作知识服务的图书馆知识服务联盟。如武汉地区的七所“211”高校为开展联合办学而组建了图书馆知识服务联盟，学生可选择七所高校所开放的任意一个专业进行辅修以获得双学位，而学生会选择其他学校的优势领域专业进行辅修，这就要求学生所在高校的图书馆全面掌握其他学校优势领域的学科专业特色，以制订相应的知识服务方案。这七所高校图书馆所组建的图书馆知识服务联盟在传统的图书馆联盟馆藏资源互借和数据资源传递等服务的基础上，借助联盟成员各自的信息技术优势、学科领域优势与其他组内成员协作开展知识服务，较好地满足了联合办学产生的复杂化、多元化、精细化的用户需求，实现了高校图书馆知识服务真正意义上的共建共享，为高校图书馆知识服务提供了开放的外部环境。

②与资源供应商等其他信息机构组建知识服务联盟。如何对数量繁多且分布散乱的互联网信息资源进行分类、挖掘以及纳入自身知识服务体系，并将知识转化成果面向社会推广是高校图书馆知识服务过程中不容忽视的问题。首先，高校图书馆应高度重视企业的知识需求，实现馆企合作。打造中介式的知识服务协同中心，搭建高校图书馆和企业沟通渠道，紧密两者间的合作关系，为高校图书馆创造了解社会需求的路径和窗口，同时也为企业提供知识资源和技术合作的机会。其次，高校图书馆在组建知识服务联盟的过程中，应充分整合知识资源和服务主体，为图书馆馆员提供适合自己专业的合作机会，同时将具有应用价值的知识转化成果供给于社会。

4. 构建知识服务平台

大数据环境下，数据资源的多样性和来源的复杂性，为高校图书馆的信息检索、知识发现、智能采集等知识服务流程造成阻碍，在一定程度上限制了高校图书馆知识服务能力的提升。因此，建设具有数据获取、存储、组织、分析及知识共享、协作与创新的智慧平台成为高校图书馆知识服务的关键要素之一，利用知识服务平台强大的数字处理功能对高校图书馆馆藏资源进行充分挖掘和深入分析，为用户提供全方位、一站式综合知识服务成为高校图书馆追求的目标。

（1）完善高校图书馆信息基础设施建设。在电子信息化发展如日中天的今天，加强图书馆信息化基础设施建设，是大数据互联网下的一个必然要求。图书馆可以与时俱进，对应用网络升级换代，将物联网、有线网、无线网等融入应用当中，系统并全面地推进网络建设并雇用程序员进行定期维护，使设备和数据库时刻达到健康运行的状态，延长系统寿命。同时，可以在图书馆的各项信息化设备的使用中加入传感器、云计算等先进技术，建立自动化服务系统，在高效服务的同时强化信息收集和信息感知。图书馆可以将大数据应用到信息检索和反馈当中，建立图书馆网上管理中心、电子信息借阅室等，设置检索、查询、检举、反馈一体化流程，通过计算机终端和网络信息系统收集数据，并加以整合，深入探寻每个人的借阅特点、借阅需求等，提供令绝大多数人满意的科学化服务和个性化服务。

（2）构建高校图书馆智能化机构知识库。机构知识库是指利用网络信息技术依附于某一特定组织机构而建立的信息化学术数据库。它将组织内部和相关社区成员的学术产出进行收集、整理并长期保存。这些数据经过分类、规范和标引设置后，允许机构社区内外部成员按照规范的开放标准和交互协议通过互联网免费获取和使用。智能化机构知识库的构建是提升高校学术影响力和成果展示度的核心环节。高校图书馆构建的智能化机构知识库可作为开放获取的模式之一，全面客观地为机构人员提供科研学术数据支撑，进一步增强学术交流和学术氛围，促进高校学术研究的发展。随着大数据时代的到来，高校图书馆在各方面投入骤增。目前，国外高校图书馆和科研机构已普遍关注并开展了智能化机构知识库建设，国内大多数高校图书馆技术能力和馆员素质也已足够构建智能化机构知识库，但由于尚未形成完善的机构知识库理论基础和管理机制，缺少相应的架构规范，因此，高校图书馆亟须将大数据背景下先进的信息技术与学科理念有效集成，以加强图书馆和学校科研管理部门的联结，建立起完善的智能化机构知识库机制和规范。在院系机构知识服务库的基础上，通过学科馆员和图书馆用户的沟通合作，共同促进高校图书馆智能化机构知识库的构建。以此建立的高校图书馆智能化机构知识库，在产出成果的汇集上可以得到教辅人员的认可和支持，确保各类产出成果的收全率；在成果利用和科研实践中可以使既有产出成果真正成为他们接续研究的延伸基础，确保学科知识服务的深入和拓展。

（3）打造高校图书馆知识共享空间。在信息网络化、图书馆数字化的泛在知识环境下，高校图书馆的服务正逐渐由以图书馆为核心转变为以用户为核心，高校图书馆用户信息行为由单一形式获取固定载体的信息资源转变为利用多种方式获取泛在各种信息载体上的各类型信息资源模式。高校图书馆必须与用户有效结合，构建知识共享空间，实现用户在任何时间、地点通过个人倾向的多种路径无缝获取所需的信息资源。泛在知识环境下借助大数据信息技术和各类智能化信息服务工具构建一个由高校图书馆馆员和用户共建的学科知识交流和共享空间，将信息资源获取和知识创新相结合，为用户提供持续高质量的个性化、专业化知识服务，实现知识发布方式和交流模式由单向、线性的传统知识链转变成密网型知识共享信息网络。在知识共享空间中，用户不再单纯是知识需求和利用者，对于高校图书馆的反馈也不再仅仅是提出改进建议，而是利用自身专业知识和实践能力成为使高校图书馆资源建设更加合理的参与者。同时，高校图书馆馆员也可以在与用户的交流互动中，一方面辅助用户高效利用图书馆数据资源，另一方面不断填充自身学科知识漏洞，持续提高知识服务能力。

泛在知识环境下构建知识共享空间有多种形式，高校图书馆可以根据自身的技术条件和知识服务状况选择不同的形式或集成多种方式构建知识共享空间。

①基于维基共撰学科专业百科以构建知识共享空间。维基（Wikipedia）是多人协作、共同撰写开放内容的写作工具系统。一般而言，维基站点由多人共同维护，即多人相互协作，每个人都能发表自己的观点，也可以与他人探讨拥有共同兴趣的内容。泛在知识环境下，一方面图书馆馆员可以在教师或学者提供的信息资源的基础上，提取高学术价值的信息，将其分门别类地组织成百科全书为用户提供高质量的知识服务内容；另一方面，由于其具有对用户完全开放的特性，教师、学者可以对信息质量进行

筛选继而由图书馆馆员对信息结构进行组织分类。

②基于播客共创学科视频以构建知识共享空间。大数据信息时代，传统的文字和图片信息资源已无法满足用户的需求，高校图书馆可以通过播客（Podcast）技术发布音频和视频资料以开展学科知识服务。这主要体现在两个方面：第一，高校图书馆馆员可以联合技术部门制作相关学科的音频和视频资料，同时鼓励学者和学生积极自制并共享有学术价值的视频资源；第二，图书馆可以制作学科检索方法和课件视频资源为用户建立网上教辅平台，以供用户在方便的时间、地点进行自主学习。

③基于微博、微信共建学科社区以构建知识共享空间。大数据时代下微博、微信的出现，使知识共享空间的构建有了更加便捷的路径。高校图书馆可以利用微博、微信提供资源推荐，开闭馆时间调整通知，培训、讲座活动预告以及最重要的高校图书馆意见箱等功能。同时，微博、微信具有实时交互、精准锁定等特点，可为用户提供更有针对性的知识服务。在这个过程中，用户不仅仅是信息的被动接收者，也是信息的主动传播者和制造者。

5. 创新知识服务模式

大数据、云计算和人工智能等新一代信息技术的快速发展伴随着图书馆用户知识需求的碎片化和精细化，对图书馆资源的知识管理、开发与应用提出了更高的要求。很显然，传统的被动服务和例行知识服务很难满足新时代高校图书馆用户的知识需求。因此，必须要依托现代信息技术创新高校图书馆发展模式，将以被动服务为主转变为以主动服务为主，由满足一般例行的知识需求，转变为以个性化的知识服务为主，最大限度地满足用户的随机需求。

（1）完善高校图书馆的嵌入式学科服务体系。知识服务是信息和数字化时代高校图书馆服务的核心要务，在高校图书馆发展过程中有着至关重要的作用。因此，在信息爆炸的大数据时代，高校图书馆需要创新嵌入式学科服务的发展模式来满足以校内用户为主的专业化知识需求。

①重视嵌入式学科馆员的发展。高校图书馆嵌入式学科馆员应更加重

视用户需求，为用户提供更加精准和个性化的服务。这就要求学科馆员能够积极联系教师学者并深入参与其研究项目中，与用户保持密切合作，既要作为一线科研人员深入到研究中，为用户提供图书检索技巧、资源应用、科学研究方法等服务，还应主动参与高校图书馆知识资源建设，推动高校图书馆电子资源库的建设。因此，嵌入式学科馆员应不断学习互联网、人工智能、大数据、云计算、物联网和移动互联等技术，丰富自身知识储备。此外，嵌入式学科馆员还需要加强团队协作，促进资源共享，持续推进多馆协同合作，实现资源优化配置，提升信息资源共建共享水平，为用户提供系统、全面、深层次的学科服务。

②创新嵌入式学科服务的发展模式。学科服务虽然在高校图书馆已经发展了十几年，但仍然存在使用效率低下，服务深度和影响力不足，未能成为高校图书馆知识服务主流选择等现实问题。随着新一代信息技术的快速发展，以满足用户多元知识需求为目标的嵌入式学科服务随之产生。因此，高校图书馆应充分利用现代信息技术，将大数据分析和数据挖掘技术融入学科服务建设过程中，创新嵌入式学科服务发展模式。高校图书馆可以基于自身网络资源平台优势为用户提供专业的信息服务，并使用多种搜索引擎和插件为用户快速读取所需资源，或通过移动终端展开教学活动，实时传递图书馆的学科服务信息和知识资源，实现信息技术与嵌入式学科服务的深入融合。

（2）构建高校智慧图书馆知识服务生态系统。智慧图书馆是在现代信息技术与用户需求共同作用下的图书馆发展趋势，是对现有资源、服务和空间的重新组合与服务模式的创新。通过将大数据、云计算、人工智能、移动互联网等新一代信息技术与图书馆知识服务场景深度融合，为用户提供智能化服务和体验。

①聚焦用户行为数据，完善数据资源的使用与管理。用户的行为数据是高校图书馆实现知识服务的重要基础，也是智慧图书馆分析用户特征、创建用户画像、预测用户行为的参考依据。因此，在大数据时代背景下，高校图书馆应聚焦用户的行为数据，在获得用户许可的前提下，依托智

慧图书馆资源，深度融合人工智能、数据挖掘、物联网和生物识别、智能感知等技术，采集用户的行为数据和其他个人信息（如年龄、性别、学历等），使图书馆数据库能够实时连接用户的智能设备，为用户提供实时准确的咨询和决策服务。同时，智慧图书馆在知识服务过程中还应立足数据制度的建设，不断完善数据资源管理体系，运用一套科学的管理制度来规范智慧图书馆的数据获得与使用，完善读者管理与空间服务，保障网络服务与版权等，为智慧图书馆知识服务奠定坚实基础。

②基于智能搜索引擎，打造问答分享服务社区。高校图书馆应改变以图书馆为唯一主导的传统发展模式，不断结合新一代信息技术的发展成果，增强图书馆知识服务的交互性。因此，高校智慧图书馆应加快构建具有信息交互联动效应的问答分享服务平台，促进用户间咨询信息和知识的快速自由流动。这就要求高校智慧图书馆应搭建促进用户间即时信息实时共享和扩散的智能搜索引擎，将用户的回答结果以搜索内容的形式直接展示给其他用户，有效地将不同领域用户的隐性知识转化为显性知识进行共享。其次是依托用户和搜索引擎的相互作用，打造问答分享服务社区，进而形成集聚现有图书资源和用户智慧的联合交互知识服务网络。

③建设一站式集成知识服务平台。问答社交模式的实质是推动用户个性化问答信息，实现实时交互的智能化知识服务。基于这一前提，高校智慧图书馆应以用户互动质量、功能质量和可用性质量为标准，积极建设一站式集成知识服务平台，推动定制化服务的进一步发展。例如，中国国家数字图书馆将虚拟参照咨询、知识导航和智能搜索引擎等服务的比较优势转化为集成优势，极大地提升了用户对信息和知识的利用效率，同时综合使用了集成检索、大数据搜索引擎、简易信息聚合等技术紧密跟踪用户的知识需求，推动用户实时知识共享资源、馆员知识储备以及馆藏知识库间的有效协同，优化了用户知识获取流程。

（3）推动实现高校图书馆个性化知识服务。为提升大数据时代高校图书馆知识服务能力，图书馆应基于精准化知识服务策略，立足于用户特征，把握用户需求，细分用户标签，构建用户网络，完善后期服务，实现知识服务内容的多样化和个性化。

①基于数据挖掘技术，构建用户画像。2020年以来，用户画像技术被广泛运用于图书馆的信息推送和个性化服务研究中。因此，高校图书馆可以通过对用户行为进行深度的数据分析和数据挖掘，实现各类信息资源的关联和聚类，以此构建用户画像，进一步提高知识服务的靶向性。首先，高校图书馆需要将采集到的用户行为数据（如观看记录、检索习惯、浏览痕迹等）进行深入分析与挖掘。其次，与管理系统中的用户静态数据（如学院、性别、专业等）进行比对分析，依托用户画像技术，从多角度建立群体用户画像，分析挖掘出各类用户的行为习惯，如同一学院的用户、同一专业的用户、不同性别的用户行为特征。最后，基于清晰的用户画像，建立不同类型用户的标签体系，实现推荐信息和知识能够与用户动态信息需求间情景化适配，从而准确地向用户提供符合其需求的目标资源。

②关注用户知识需求，建立新型知识服务模式。在泛在知识环境下，图书馆用户具有多元化的知识需求，如特定情形下的交互式知识问答需求，基于游戏式设计的数据资源检索需求和以知识图谱、动态图表、虚拟现实技术为依托的知识可视化需求。而以上用户需求的实现需要充分利用图书馆的知识交换与存储技术以及知识表示与知识组织技术。在“互联网+”融合发展的时代背景下，高校图书馆应推动知识服务优化升级，利用丰富多样的多媒体、增强现实（AR）、混合现实（MR）、虚拟现实（VR）等智能展示设备，依据用户的视觉、听觉和触觉等营造适宜的知识服务多维感知环境，形成个性化、体验式的知识服务模式。同时，高校图书馆不仅要重视校内用户的知识需求，也要明晰社会公众的知识需求，充分整合高校和社会不同层次用户的知识需求，缓解馆藏资源有限和用户需求日益增长之间的供需矛盾，实现协调供应。

③拓展后期服务。高校图书馆应依据数据挖掘和分析结果以及用户的知识需求，拓展个性化信息推送服务的深度和广度。一方面，高校图书馆应积极利用智慧知识服务平台为新用户提供专业的向导服务，进一步提高用户体验；另一方面，高校图书馆要充分利用用户的行为信息，提高信息

和知识推送服务的精准性，增加用户的黏性。与此同时，高校图书馆还应不断拓展思路，加大对大数据、人工智能及其服务的开发与应用，不能仅仅停留在购买既有产品阶段，还应不断更新知识服务配套产品。

（4）拓展高校图书馆知识服务职能。在当今信息爆炸但知识相对匮乏的时代背景下，越来越多的人对知识服务提出了更高的要求。而高校图书馆拥有大量的社会信息，应该在满足校内用户知识需求的前提下为社会用户提供知识服务，以此满足人们日益增长的个性化和专业化的知识需求。

①为校内教学科研提供知识服务。在大数据背景下，高校图书馆存在的价值不仅仅是简单的读者获取信息和知识的一个渠道。高校图书馆拥有海量、类型多样的知识资源，校内用户知识需求明显增加，对知识服务质量也有了更高的要求。高校图书馆应充分利用其知识资源，深入到校内用户的教学科研活动中，综合运用各类技术工具和资源，解决用户的实际问题，发掘用户的知识需求。同时，高校图书馆可以实时追踪，主动联系用户，为其提供有针对性的学术前沿信息，并分析其研究成果的有效性和实用性，充分发挥高校图书馆的知识服务职能。

②支持学生成长成才。学生的知识需求一般分为专业知识、科学研究、社会实践、文体活动等学习生活方面以及工作方面的知识需求。因此，高校图书馆应当为学生用户提供有针对性的知识资源和有关图书馆数据库资源检索的培训讲座等，提高学生的专业素养，开阔眼界。此外，高校图书馆还可以提供知识服务平台，通过小组学习、讨论和演示等方式，让学生进行自主合作学习，锻炼其自主学习能力，提高团队协作意识。

③提供社会化的知识服务。高校图书馆馆藏资源丰富，在优先服务校内师生的前提下，可以为社会提供相应的服务。首先，高校图书馆可以为社会读者提供纸质资源的借阅服务，通过办理借阅证，明确借阅权限、数量和期限，规范借阅行为，同时校外用户还可以通过远程访问系统或远程访问账号获得图书馆的电子资源。其次，高校图书馆还可以为社会用户提供信息咨询服务，其中不仅包括基础性的信息服务，还应该包括高层次专业化的知识服务。最后，高校图书馆应大力推进“校地共建”，与地方政

府及其主管的公共文化机构（如地方公共图书馆、科技馆、博物馆、文化馆等）进行资源共建共享，更大程度上满足社会公众日益专业化和个性化的知识需求，提高服务的准确性和用户的满意度。如四川省都江堰市成立的都江堰市图书馆联盟，将四川工商职业技术学院图书馆等5所高校图书馆与市图书馆免费向社会用户开放，推进了高校图书馆的社会化服务进程。

二、自助服务模式

（一）服务理念

自助图书馆是用“以人为本”的观念和现今的高科技技术相结合，创造出一个更方便为读者服务的方法。自动服务完美地展现了开放、快捷、平等的服务原则，将服务模式由被动转化为主动，围绕读者开放图书馆的资源，更展现了“以读者为中心”的服务理念。它的服务宗旨是最大化实现图书馆资源的利用，可以使读者的需求得到快速满足，它是以读者的需求为自身的发展动力，对传统的服务方法进行改革，重新塑造了图书馆的服务理念和服务质量，更加体现了图书馆的社会价值。另外，读者使用这种新方法，可以根据自己的意愿和爱好自由选择图书，充分地体现了人性化。

（二）服务模式

图书馆自助模式分为馆内自助、ATM式自助、漂流式自助、24小时街区自助。馆内自助是在馆内设立专门的空间和一些附属的建筑来放置自助设备，为读者提供服务，让全天式的服务成为可能，但是这种服务缺乏一定的独立性。ATM式自助是依照图书馆的具体要求进行定制的，能减少人力的投入，网点化和低成本是其主要优点，但也存在着图书资源比较少和服务的内容比较单一等缺点。把一定的图书放在公共区里面是传统意义上的图书漂流，漂流式自助是其补充和延伸，也是RFID技术与图书漂流结合一体的产物，可以有效地辨别大多数证件，提升了图书的使用率，但它的服务方式也比较单一。24小时街区自助不仅有借阅和归还的基本功能，还结合了条形码识别和 RFID 技术，让读者对书架一目了然，它可以提供更加全面的服务，促使网点化建设的实现，但是它受限于物流和技术等。

三、移动服务模式

（一）移动图书馆的概念

随着移动设备的普及和无线网络技术的快速发展，传统的图书馆已经不能满足人们的日常需求，在这种背景下，移动图书馆应运而生。移动图书馆是利用现代化移动设备和无线网络技术，读者可以不受时间和地点限制地随时随地访问的图书馆。随着移动图书馆的发展，新型的图书馆服务随之出现，读者可以在任何时间任何地点使用自己手中的移动设备在无线网络的支持下访问图书馆，这些移动设备包括手机、平板等。读者作为移动图书馆的用户，将移动图书馆中的数字资源通过网络下载到自己的移动设备上，在移动设备上进行阅读。

无线网络和数字图书馆系统通过移动图书馆实现紧密结合，移动图书馆的用户通过无线网络和自己的移动设备实现对图书馆的一系列应用，如查阅图书馆资料、参考咨询服务、进行在线支付等，打破了传统图书馆的限制，从而延伸了数字图书馆的服务，也使数字图书馆的服务得到了提升。用户能够在移动设备上通过移动图书馆随时随地地对书目进行查询，获取自己需要的相关信息资源。

（二）高校移动图书馆的信息服务类型

随着我国移动通信技术的快速发展，各行各业都已经广泛运用了信息服务。随着移动图书馆的到来，高校图书馆可以借助移动互联网平台，弥补传统实体图书馆带来的不便，提高图书馆的管理水平，提升图书馆的服务水平，从而促进高校图书馆事业的创新发展。

1. 短信服务

短信服务是移动图书馆服务项目中比较基础的一项。高校图书馆的移动服务，用户需要在数字图书馆系统中填写自己的信息，经过系统的确认之后，将手机与数字图书馆进行绑定，用户可以通过自己的手机号在移动设备上随时随地地登录数字图书馆。信息服务的类型主要有两大类，分别是短信定制和短信请求应答。其中短信定制主要是指用户在使用高校图书馆的过程中，可以有一些定制要求，高校图书馆会根据这些要求进行信息推送服务，短信定制这项信息服务主要用于用户借阅图书之后的催还服务、图书馆引进新书之后的通知服务、图书馆活动举办的通知服务等；另外一种类型是短信请求应答服务，这项服务指的是如果用户需要进行查询业务，可以通过移动设备将所需查询发送到图书馆特定服务号码，这时图书馆会以短信的形式将相关信息的查询结果发送至用户手机上，这种服务类型可用于书目信息的查询和借阅信息的查询。

2. 移动接入

随着移动通信技术的飞速发展，我国进入了5G时代。5G时代背景下，通过互联网和移动网络的结合，高校图书馆的核心业务逐渐向移动接入服务发展。移动门户服务无限应用协议（简称WAP）是一种移动或其他个人终端间的开放式全球标准。在无线网络的支持下，在手机等移动终端设备上可以登录高校图书馆WAP网站，这样，用户就能够直接在高校图书馆WAP网站上浏览其数字服务内容，使得高校图书馆移动门户的功能得到实现，也使得用户对图书馆的基本使用功能和信息查询功能得到实现。移动图书馆对移动设备的充分运用，使传统图书馆的服务得到了延伸，满足了读者的信息服务需求，提高了用户满意度，发挥了高校图书馆在教育文化事业中的重要作用。

3. 实时参考咨询

移动图书馆以手机和无线网络为媒介，为广大读者和工作人员提供了一个交流平台，让他们能够在虚拟的环境中进行即时沟通，并且移动图书馆也能够为读者提供实时信息服务，让读者获取信息的途径更加便捷。目前，我国高校图书馆为读者提供远程参考咨询服务的方式主要是通过电话、电子邮件等，部分高校图书馆运用了比较先进的技术，如可视电话等。通过这些方式，图书馆用户与工作人员之间可以进行有效的实时沟通，使高校图书馆更加人性化，增加了两者之间的紧密性，缩短了距离，提高了用户的参与度，使高校图书馆服务变得更为生动、便利。

4. 移动定位

高校图书馆信息服务过程中，通过移动定位技术的运用，能够对用户所处的地理位置进行准确定位，从而为用户提供信息服务；用户在手机上也可以对高校图书馆的位置进行准确定位，在手机上也能够确定自己需要书目所处科室，以及所处书架的位置，这样能够提高用户书目查找的效率和准确率。

5. 个性化定制

高校图书馆通过对用户兴趣爱好的调研，并进行相关分析研究，能够进一步拓展信息服务。用户在使用移动图书馆的过程中，可以进行信息服务定制项目，以这种方式对高校图书馆的动态进行实时了解，了解到自己感兴趣的信息或者活动，也可以通过移动设备预定参与自己感兴趣的活动。数字高校图书馆的未来发展一定是个性化服务。

四、共享空间服务模式

（一）信息资源共享内容

在大数据时代，可以及时有效地获取读者信息，通过相关数据显示进行具体的问题分析。图书馆的最基本工作就是保证图书馆藏书质量，尽可能做到藏书丰富，符合本校师生发展需要。此时大数据就可以为图书馆藏书种类提供基本参照，通过数据分析，可以了解本图书馆藏书欠缺的种类以及藏书较为丰富的书籍种类，进而制定相关解决措施，精准化提升本图书馆藏书质量。有时图书馆的发展规模受到经济以及地区发展的限制，难以满足本校师生发展的需要，这时就可以借助网络平台，通过电子书籍方式购买相关版权提供给广大师生进行阅读、查阅资料，同时也可以和网络相关期刊平台进行合作，提供给教师和学生多样化的学习途径，使图书馆资源丰富，吸引广大师生的阅读兴趣；图书馆也可以针对相关优秀藏书向广大师生推荐借阅，充分发挥本图书馆藏书的效能，对人书进行优化配置，让每一本书都能够发挥应有的价值。借助广大幕后数据，也可以对图书馆内相关制度进行调整，比如借阅时间，可以选择数据显示下大部分师生比较空闲的时间段，在此时间段进行相应的借阅时间延伸，更能够体现图书馆服务人性化的特点。

在大数据时代，资源共享成为众多图书馆丰富自身藏书而选择的途径，通过网络信息化进行资源共享可以有效提高图书资源的利用率，使图书影响到更多的人，充分体现图书馆的创建理念，让每一本好书都能遇到自己的读者。信息资源共享成为学校图书馆丰富自身资源的途径，可以进行多馆合作，将多个图书馆资源相互融合，使学生在不同的图书馆内自由借阅书籍，从而达到资源共享的目的；同时也可以建立网络合作平台，提供给学生和教师多个信息服务平台，学生和教师可以免费登录相关平台查阅相关资料，以此更好地服务于广大师生。

数字信息环境下，电子资源数量剧增且类型越来越多，静态信息包括文本信息、图像信息；动态信息包括动画、电视、电影、交互式媒体；音频信息包括声音、音乐等；超视、声频信息包括超声频、视频信息。因此，电子资源是资源共享的重要内容和主要内容，国外许多图书馆联盟可共享的资源较为丰富，如日本书部省学术情报中心人文、社会、自然科学各领域数据库有 57 个，又如 OCLC 系统可供用户检索的数据库有 80 多个，这些数据库内容包括图书、期刊、会议记录、工业通告、财政报告、最新研究成果报告、图书评论、机构组织介绍等。

但是，纸质资源的共享也是十分重要的。首先，因为电子资源文献传递有接收量的限制，而且有的数据库合同上还明文规定不允许为其他单位用户传递电子文档信息，如 WSN 外文期刊数据库的合同就是这样明确规定的。其次，虽然网络环境下，电子文献传递相当便利，但文献传递也需要较大的费用。最后，电子资源无论如何增长，也无法覆盖所有纸质资源信息，尤其是外文纸质期刊。因此，纸质信息资源的共享依旧相当必要。国外许多图书馆联盟也十分重视纸质资源的共享，认为纸质资源仍然是人类知识的主要载体和学术研究的主要材料，如美国俄亥俄州图书馆与信息合作网信息资源共享就非常重视纸质资源的馆际互借与文献传递。

（二）共享空间服务模式构建类型

一般而言，信息资源共享在各种不同的图书馆联盟里进行，根据不同的图书馆联盟形式形成不同的信息资源共享模式。目前，我国信息资源共享的模式大致有4种，即区域性系统内共享模式、全国性系统内共享模式、区域性跨系统共享模式和全国性跨系统共享模式。目前，全国性信息资源共享模式已取得了显著成效，如CALIS、CASHL和NSTL是我国文献传递运作中最为成功的三大共享系统。近年来，区域性系统内和区域性跨系统的共享模式也都在积极探索之中，早期的区域性图书馆信息资源共享模式一般是两个或多个图书馆间为节省成本或改进服务而开展的以合作藏书、联合书目和馆际互借为主要内容的合作活动，这种合作往往是自发的、松散的、非正式的，图书馆信息资源共享模式必须寻求一种经过正式组织、合作更加紧密、更具有协同性的信息资源共享模式，才能更加有效地进行信息资源共享，以满足读者、用户日益广泛和复杂的信息需求。

1. 区域性系统内信息资源共享模式

区域性系统内信息资源共享模式，指的是在一个省份范围内进行的各种系统内信息资源的共享模式。这是图书馆首要考虑的模式。在同一行政管理体制下，图书馆便于组织、管理，因此，共享效果好。这一效果在高校系统图书馆里体现得最为明显。如广东高校网络图书馆、天津高等教育文献信息中心和江苏省高等教育文献保障系统都是较为成功的一个省份内的高校图书馆联盟。近些年，高等教育事业大力发展，许多城市兴办了大学城，而大学城的共享模式就是区域性系统内信息资源共享模式最好的典范，其在省教育厅的直接领导下开展有计划、有步骤的信息资源共享活动，取得了较好的共享效果。如福州大学城为顺利实现资源共享，创建了“FULINK平台”，这个平台实现了大学城文献信息资源共享，加强了大学城学校与学校之间的文献传递、图书馆与图书馆之间的互借等服务。“FULINK平台”开通后，先后申请传递论文共计10089篇，资源共享服务取得了显著的效果。所以，建立区域性系统内共享模式是十分重要的。除高校系统图书馆外，公共系统、科研系统图书馆都可进行不同规模的区域性系统内的信息资源共享，同样能取得较好的共享效果。

2. 区域性跨系统信息资源共享模式

区域性跨系统信息资源共享模式，指的是在一个省份范围内进行跨系统的信息资源共享模式。从目前我国各类型图书馆信息资源配置情况看，存在着较大的差异。高校图书馆电子资源配置较为齐全，而公共图书馆纸质信息资源配置较多。如复旦大学图书馆订购外文数据库 160 余种，上海市图书馆订购外文数据库只有近 20 种，但上海图书馆外文纸质期刊近 6000 种，复旦大学图书馆外文纸质期刊订购数量在全国高校图书馆里已算是订购较多的图书馆，却只有 600 余种，大约只有上海市图书馆的 1/10。因此，实现区域性跨系统的信息资源共享是十分必要的，也是可行的。当前主张区域性跨系统共建共享的图书馆最多，这说明区域性跨系统信息资源可共享的空间较大，尤其是针对纵向专深的文献信息。比如，福建医科大学图书馆虽在福州大学城文献信息资源共享系统里可获取多学科的文献信息资源，但在医学方面可利用的资源较少，于是，其便和福建省医院系统图书馆共建共享。福建医科大学图书馆电子期刊配置较多，纸质期刊则只有 20 种，而福建省医院系统图书馆订购纸质期刊较多，如福建医科大学附属第一医院订购 83 种，福建医科大学附属协和医院订购 72 种，共建共享不但弥补了福建医科大学图书馆外文纸质期刊资源的不足，医院系统图书馆也可共享到福建医科大学图书馆的外文电子期刊资源，从而取得了良好的共享效果。所以，今后要加强区域性跨系统信息资源的共享，这对各系统图书馆而言都是有利的。虽然区域性跨系统比区域性系统内资源共享难度大一些，但只要加强共享机制管理，必定会取得较好的成效。上海各辖区在市政府牵头下组织了上海市文献资源共建共享协作网，开展了跨系统的文献信息资源共享活动，取得了显著的成效，如上海图书馆上海科学技术情报研究所订购的部分外文期刊到馆后先送到上海交通大学图书馆供师生阅览一段时间后再运回，这就大大提高了外文期刊的利用率，在文献传递、馆际互借等方面也取得了较好的共享效果。所以，区域性跨系统的信息资源共享模式值得推广，其有利于信息资源的更充分地利用。

3. 跨省份区域性信息资源共享模式

从各省份的信息资源分布情况看，经济发达省份信息资源较为丰富，尤其是外文数据库和外文纸质期刊资源。如华东地区外文数据库主要集中在上海、江苏、浙江三省（市），特别是上海市，数据库数量最大，类型也最多，其余省份数量都较少；再如华东地区外文纸质期刊资源也主要集中在上海、江苏、浙江三省（市），其余省份都较少，如大型系列期刊《国家报告》主要是上海图书馆上海科学技术情报研究所、上海社会科学院图书馆较为系统订购。其他省份图书馆只是零星订购；如福建省只有厦门理工学院图书馆订购了《国家报告》中日本、英国、美国、俄罗斯分卷，而有的省份则一种都没有订购，如江西省、安徽省。此外，从各图书馆外文纸质期刊数量来看，悬殊也较大。如上海市图书馆上海科学技术情报研究所拥有的数量相当可观，现有外文纸质期刊5941 种，且学科覆盖面广，而大多数图书馆只在100 种之下。从订购的复本数上看，较多外文纸质期刊只有一家图书馆订购。*Journal of Agronomy and Crap Science*（《耕作学与作物学杂志》）只有山东农业大学图书馆订购；*Bee Culture*（《养蜂》）只有福建农林大学图书馆订购；*Communication Theory*（《传播理论》）只有南昌大学科学技术学院订购。上述情况不胜枚举，尤其在人文科学期刊方面更为突出。鉴于此，建立跨省份区域性信息资源共享是十分必要的。所谓跨省份区域性信息资源共享，指的是跨省份的图书馆与图书馆之间进行的资源共享。当然这种模式比前两种模式的难度更大。但只要选择适合本馆的共享系统，并建立良好的合作关系，互通有无、互惠互利，必定能取得良好的共享效果，如农业方面的外文纸质期刊资源少，农林院校图书馆若进行跨省份的资源共享就能满足读者的需求。

第三节 高校图书馆服务创新的类型

一、高校图书馆的学科服务创新

（一）高校图书馆的学科服务概述

1. 学科服务的含义

学科服务的概念是在20世纪末由国外传到我国的。以前的图书馆是等着读者上门的，即所谓的“等米下锅”，如今这种传统的模式越来越跟不上形势了，当下，读者的大量需求与图书馆的冷清形成了鲜明对照。

等米下锅是被动的，是让读者上门来找，过去一直是这样做的，因为读者不去图书馆不行，所需要的重要资料全在图书馆里。现在情况不同了，读者在家里上网就可以找到很多信息，查百度、查搜狗问问成了很多读者新的求知习惯。图书馆这个主体，要想尽办法去满足客体的需要，才有继续存在的必要。

因此，图书馆需要另找出路，于是学科服务这种形式应运而生。高校图书馆要想服务得好，首先要了解客体（或客户）究竟需要什么。高校图书馆是服务于教学和研究的，老师是客户的主要代表，要满足老师教学与研究的需要，首先要考虑学科性，不同的学科是对老师专业的基本区分。学科性又是以专业进行实质区分的，因此随之而来的就是专业性。只有学科性与专业性对了，才能发挥物理资料与电子资料的最大作用。反映出它们的真正价值，并确切地找到自然科学与社会科学的本质规律。

信息爆炸的时代，知识更新速度非常之快，上个月还是有用的东西，这个月就会变得可有可无，甚至根本无用。比如计算机语言，更换了很多种，过去的BASIC. FORTRAN很快都被淘汰了，如今又出现了C + +与Java，虽说不是朝生暮死，但确实是千变万化。五年前出版的计算机类图书，现在有用的不到一半，因此，要考虑知识的即时性或适时性；对于老师来说，隔行如隔山，对甲老师有用的东西，对乙老师可能就没有用，因此，还要考虑个体化；对于某一位老师而言，随着知识的积累与经验的丰富，教育与研究越来越深入，所以，深层化是另外一个特征。总之，高校图书馆的学科服务具有学科性、专业性、即时性、深层化特点。做到这些，也就达到个性化服务的目的了。学科服务有学科化的知识性服务、学科化的信息服务与学科化的个性服务若干种提法。

所谓图书馆的学科服务是指以图书馆为主体，以老师为主要客体，以物理资料与电子资料为载体，提供学科性、专业性、即时性与深层化的个性化服务。其流程如图 4－1 所示。

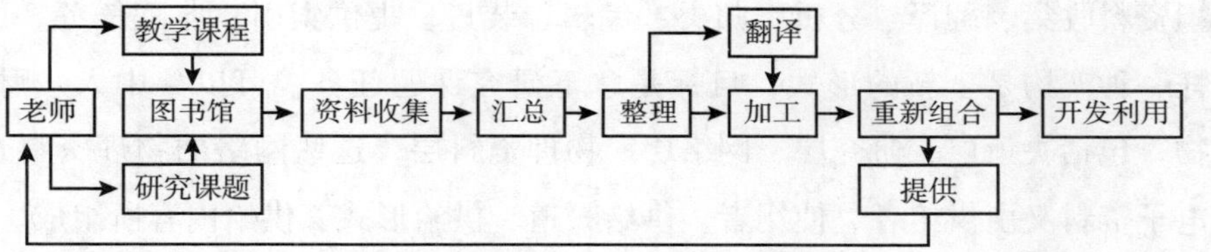

图 4－1　图书馆学科服务的流程

2. 学科服务的特征

学科服务带有明确的研究与教学的目的。根据教学的课程与研究的课题，由图书馆组织人员进行资料的收集汇总、整理、翻译、加工、重新组合，充分发挥开发资料的作用，这样，信息服务从粗放型变成精细型，学科性、专业性、即时性与深层化得到充分发挥。

学科服务的特征包括以下几个方面。如图 4－2 所示。

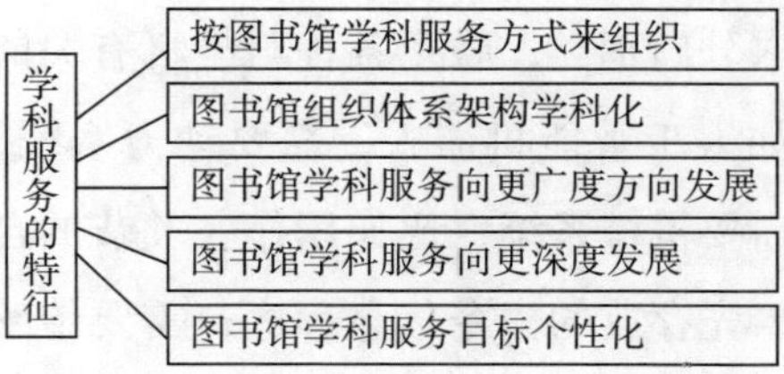

图 4－2　图书馆学科服务的特征

（1）按图书馆学科服务方式来组织。过去的图书馆，一般是按图书期刊流来进行的。即一批新的图书与期刊到馆之后，组织大家学习与使用。现在按学科化来组织，情况就不一样了。教师提出自己的研究课题，根据这个课题在馆内、馆外寻找文献资料，把这些文献资料集中起来，先编辑成目录索引。如果是外文资料，由图书馆牵头，先搞出资料索引，再组织图书馆的馆员及外语系老师负责外语部分的翻译，让各系的专业老师进行技术性的校对，或者让各系的专业老师进行翻译，由外语系老师进行语法方面的校对。

（2）图书馆组织体系架构学科化。过去，图书馆习惯于分为流通、采购、阅览、编目、典藏五大部分，各自为政、互不干涉。现在不一样了，搞图书情报服务，就要全馆一盘棋，一律出动，甚至全校一盘棋，共同承担资料收集、翻译、分析、归类、编辑、装订、提供索引、典藏任务。这样一种架构是全新的形式，目标是拿下研究课题任务，可以集中人、财、物，包括决策层、研究层、网络层、物理资料层，这些网络的物理资料及电子资料又由供给者、使用者、供给渠道、供给形式、供给内容所组成。

（3）图书馆学科服务向更广度方向发展。学科服务过去往往仅限于图书与期刊的借阅。现在不一样了，有了电子公告栏、读书报告会、电子邮箱交流、博客交流、论坛、手机网上交流等更广泛、更普遍的新形式，并发展了新形式下的新内容。

（4）图书馆学科服务向更深度发展。学科服务向更深度发展，也就是说，不是简单地发放图书资料或信息光盘到客户手上，也不是纯粹地开展馆际互借。而是对信息要进行进一步加工，去粗取精、去伪存真、由表及里、切合课题。

学科服务还要求分门别类，联系各种与学科有关的学科知识，并将各类知识系统化。例如人工智能机器人，需要动力系统，或用无线电电源，或用有线电电源；需要机械系统，比如用作各关节的自动头；需要神经系统，比如计算机与事先存放的指令信息程序；需要传感系统，比如光电传感器代替眼睛，声电传感器代替耳朵，味觉传感器代替舌头，嗅觉传感器代替鼻子，温度传感体温，湿度传感器了解环境湿度，还可以用特殊树脂代替皮肤，用精密机床加工的不锈钢四肢代替骨头；等等。将这些信息整合以后，发布在校园网或因特网上。

（5）图书馆学科服务目标个性化。学科目标要盯住高校教师的研究课题。不是大家围绕在图书馆周围的旧的工作方式，而是围绕在有研究课题的老师周围的新的工作方式。中心位置从图书馆向教师转移。图书馆馆员要时常到各系去走一走，了解教学与研究工作第一线的需要。要想教师课题所想，急教师课题所急。根据教师课题研究的进展情况，不断地开拓图书馆工作的新思路与新途径。

3. 高校图书馆的学科服务内容

人们对学科服务的认识随着学科服务的向前发展而发展。虽然对学科服务的认知众说纷纭，但是随着时代的前进和环境的不断变迁，人们的认识也在不断地深入，从而学科服务也不断地走向深层。高等学校的学科服务主要为教学与科研服务，主要包括课题的确定与对口服务、学科专题数据库的资源建设、建设图书馆学科服务平台与图书馆学科信息服务团队化四个基本内容如图 4 – 3 所示。

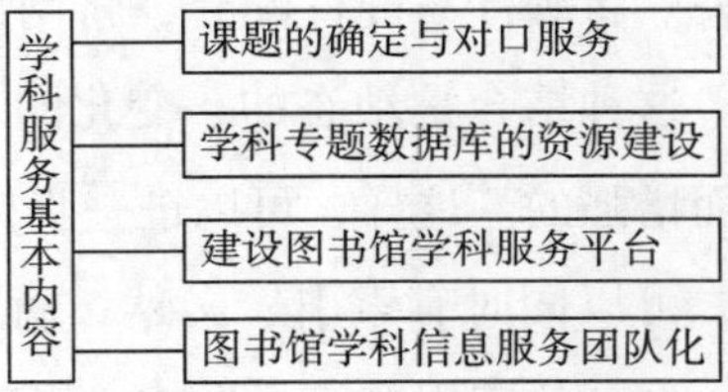

图 4 – 3　图书馆学科服务基本内容

（1）课题的确定与对口服务。一般课题的立项由教师或政府有关部门提出，经过负责人写出并发表课题设计报告、专家鉴定、有关领导批准之后立项。课题立项之后，图书馆就有了“定点服务”与“跟踪服务”，或称“对口服务”。图书馆开始系统地对有关课题的信息进行大量的搜集，去粗取精地筛选，集零为整地整理，并将整理好的信息定期或不定期地提供给教师，尽可能满足用户对信息的需求。对口服务是一种最基础的服务。课题负责人按照图书馆的要求，填写对口服务委托书或科技查询的合同，并向图书馆介绍此课题的需要度，与目前国内外有关的研究状况，课题所达目的，所需的环境、设备、资金、材料、人员构成、生产接收单位、如何移交生产及产品需求程度等。根据课题负责人的介绍，图书馆确定检索信息时间、文献类型、语种及地域，进而选定有关的兄弟院校及有关的图书馆和有关地区的图书馆，确定查询工具及有关数据库，制定检索步骤及方法，提供检索到的文献资料，组织索引及翻译校对工作，并将有关资料分课题类别整理归纳，放入库存档案。

（2）学科专题数据库的资料建设。专题研究是课题研究的组成部分，一个课题是分成若干个专题研究进行的，也可以把研究专题看成研究课题的一个分支或一个阶段。一个研究课题可以由几个人按专题研究的顺序进行，也可以由课题研究人员每个人做一两个专题，同时进行或先后进行。数据库按学科分类，学科按研究课题分类，而研究课题按研究专题分类。也就是说，数据库中有特定地区、行业、专业、课题、专题。这样的组织方法可以使用户很快查询到有关的文献资料及本地区的各种资料之间的联系。通过这样的分类，可以更有效地将教学人员、科研人员、教辅人员、行政人员进行及时整合。将软件与硬件配套，将网络虚构资源与馆藏实体资源有机地结合起来。这种结合是动态的、变化的、及时的，是随着教育的发展与科技的发展而增强的。这样，可以进一步提高教学与科研水平。

至于资料的形式，可以同时有索引、文献、摘要、译文、专利、专题报告、图书及刊物等一系列的实用的检索形式，来表现进展的内容。

（3）建设图书馆学科服务平台。学科资源导航或平台建设的目的在于将与某学科相关的图书馆馆藏资源和网络学术资源进行统一提取与梳理，在同一个界面或平台上展示给用户，不仅节约了用户的检索与甄选成本，而且有效地解决了日益增长的网络资源与用户有限时间获取到准确信息之间的矛盾。高校图书馆在支持教学和科研方面建立多个导航，但各高校之间略有差异，主要包括学科导航（Subject Guides）和课程导航（Course Guides）两类，英文还有 Research Guides，Topic Guides 等，我们将其统称为学科导航。

当学科服务的发展经过一个阶段之后，高校图书馆的学科服务平台建设也就提到日程上来，因为信息技术需要有这个加工工具，用户与图书馆两个方面都有这个需求。它是用户与图书馆的交流专用信息平台。利用网络、信息与计算机技术，智能化地精心组织与加工信息，有针对性地为用户服务，是图书馆为高校教师进行教育及科研服务的重要手段。图书馆服务平台目前有 Lib - Guides（图书馆导向）平台和信息门户（Information-Door）平台。

国外高校图书馆都提供学科导航和课程导航，且导航数量比较多，如，哈佛大学图书馆目前有 546 个学科导航，78 个课程导航；杜克大学有 87 个学科导航，131 个课程导航和 42 个主题导航。蔚海燕对美国排名前 10 位的普林斯顿大学、哈佛大学、耶鲁大学、哥伦比亚大学、斯坦福大学、芝加哥大学、麻省理工学院、杜克大学、宾夕法尼亚大学和康奈尔大学进行调研，发现这些高校在科研和教学方面按照师生和科研人员的需求进行学科服务导航，同时提供诸如引用管理、数据分析、图书馆资源介绍等方面的导航。

2007 年美国 Spring Share（春天的分享）公司开发的 Lib - Guides 软件，采用 Web2. 0 技术，内容涵盖了阅读、检索、标签、分类、服务咨询、用户评论、信息评价等，是一个教师、学生、图书馆馆员、技术人员、教辅人员共享的知识平台，可以用于学校的科研导引、科研开发、科研管理、科研研究、生产指导，定期查阅核心期刊、科研论文写作技术、科研文献管理、科研文献使用等原先杂乱无章地分散在各处的栏目信息。学科信息门户（Information Door）平台则按照该学科的研究课题与研究专题的要求，组织网络信息资源，其专业性更强，知识内容更切合实际，信息筛选更目标化，信息导航更为明确。

国内也有许多高校建有自己的学科资源导航或平台，如上海财经大学图书馆于 2011 年引进北美地区大学图书馆普遍采用的学科导航平台——Lib - Guides 平台，开始创建学科导航的一系列服务。导航类型包括课程导航（1 个）、通用主题（4 个）、学科导航（14 个）、主题导航（13 个）。涉及的学科有工商管理、外国语言文学、新闻与传播、法学、图书馆及情报学、公共经济与管理、社会学等。

学科资源导航（或平台）建设是图书馆提供学科服务的重要内容，借助学科馆员对学科专业知识信息的收集、整理、加工、组织与分析等能力和在图书情报领域的专业能力和网络服务能力，建立面向学科和教学科研用户需求的学科导航，为用户和图书馆工作人员快速定位信息资源提供了极大的便利。

（4）宣传图书馆资源与服务。院系教师和科研人员忙于教学与科研活动，往往无暇了解图书馆提供的馆藏资源和学科服务，馆员有责任和义务对图书馆开展的业务与资源进行宣传推广。在调研分析用户需求的基础上，有针对性地推送资源服务和旨在提高院系师生信息素养的培训课程。目前，高校图书馆宣传推广的图书馆资源与服务主要在以下几个方面展开。

①不断加强宣传力度。通过加强与院系分馆合办活动、向院系投放宣传单、邀请院系在图书馆举办各种活动、在学校门户网站宣传、馆内大屏幕巡回播放图书馆学科服务介绍等方式，加强对图书馆的学科馆藏资源、数据库、数据处理软件培训、学科服务产品的宣传力度，促进用户对图书馆提供学科资源与服务信息的全方位把握，让更多用户更直观地看见学科服务的优越性和可利用性。

②深入教学与科研一线。许多高校图书馆的学科馆员在最近几年，纷纷走出图书馆，走向教室课堂、实验室、设计室、院系培训会议等场所，主动与教学科研用户、院系领导等进行交流，详细介绍高校图书馆的学科资源与学科服务，使用户与图书馆之间建立无障碍的信息渠道和供需沟通，提高图书馆的学科化信息服务能力及工作效率。直面研究人员，学科馆员可以根据其科研需求和面对的问题，有针对性地向研究人员进行宣传，改变研究人员对图书馆服务的原有认识与误解。

③借助多元载体开展宣传推广活动。Web2.0 时代为图书馆的学科服务带来了前所未有的机遇，各高校图书馆纷纷借助多元载体对用户开展多种类型的宣传与推广活动，如创新的传媒技术和营销手法；定期与出版社、高校和企业协会合作举办学术性的讲座和展览会；推广图书馆新书博

客、学科博客；在大厅和休闲空间张贴时尚宣传图片和主题海报等。

（5）图书馆学科信息服务团队化。现在的科研，一方面学科的分工越来越细，另一方面研究项目的涉及面越来越广。一个研究项目往往不是一两个人就能顺利完成的，需要组织一个目标团队。图书馆馆员与用户的协作本身就是一个团队，再加上校内外的协作和地区内外的协作，范围变得更加广泛。所以，馆内外、校内外、地区内外在一个共同的目标下，需要建立一个学科的协作团队。可以说，科研项目使学科服务有针对性地实现了，而信息服务团队化使学科服务得以更高效地进行。

4. 高校图书馆的学科服务模式

图书馆的学科服务模式是一步步向前发展的，开始只是建立学科的馆员服务，后来经过一系列的改进与完善，进入团队化的学科服务，再后来进入以教学科研为主的嵌入式学科服务，将学科服务模式推广到一个新的高度，顺利地将学科服务的中心地位从图书馆移向了用户，同时，点对点的学科服务也过渡到面对面的学科服务。可以这样说，学科馆员模式是基础，学科分馆模式是深入推广，信息的学科服务模式是手段，嵌入式学科服务模式是宗旨。

（1）作为基础的学科馆员服务。图书馆的基础队伍是馆员，学科服务这一新的主要任务理所当然要由馆员来承担，因而学科服务就是以图书馆馆员为主要承担者而量身定做给用户的一种对口服务。图书馆馆员是图书馆学科服务的核心力量，学科服务是以图书馆馆员与用户之间以知识资源作为桥梁的一种服务。这样，图书馆的简单的信息服务也就转变为较为复杂的知识服务，服务的主要形式为图书馆馆员与用户之间的联络沟通、用户的查询资源的培训、用户的参考咨询、图书馆馆员深入参与学科资源建设等。由于资源的来源方式智能化、电子化、信息化、网络化，而资源的来源又具有综合性、多层面性、深入性与复杂性，因此他们所需的服务也从普通级向专家级过渡。

（2）模式向学科分馆发展。没有重点就没有政策。随着学科服务的深入化，学科、专业、知识层次越来越复杂化，图书馆需要保证重点，兼顾一般。欧美国家首先开始采取学科分馆模式。分馆分为一级、二级、三级。一级为学科服务，二级为专业性服务，三级为研究方向。

这种三级分馆的方法也融入了教学课程体系，这样分层次便于进行调配和组织图书馆的馆员力量，提供检索、取舍、加工、综合和实际利用。资料的收藏也以分馆为核心，此方法在我国已经被北京大学等高校的图书馆采用。

（3）门户式学科信息服务模式。门户式学科信息服务模式是在数字信息服务环境下形成的，它将学科领域的信息资源、信息的使用工具及信息的综合集成归结于一个模块，使用户更加方便地进行信息检索与对口服务。门户式学科信息服务分为综合性、多门性与单门性等几种，用户在其中可以进行学术性或知识性的讨论与交流。在这里，可以有学科信息发布、学科信息导航、学科信息检索、学科信息咨询、学科论坛、学科信息反馈、学科信息推送等多功能服务形式。

（4）学科服务的嵌入式模式。学科服务的嵌入式模式，即所谓“门户对门户”或“门对门”的学科服务，这种嵌入可以说是从始至终、从头到尾的学科服务。

在学科服务的嵌入式之初，首先要了解各院系的教学安排。也就是说，从教务处的教学计划表开始，就要访问各系主任，看什么是重点教学内容。要参加各系部的教学讨论会与科研安排会，要与系里有重点科研任务的老师和有重点教学任务的老师多接触、多交流、多了解、多沟通，深入地、全面地了解老师在这些科研任务与教学任务方面的资源需求。

另外，要根据科研与教学任务方面的进展情况，动态地、有目的地搜集有关信息，同时也听取有关人的反馈信息。学科馆员要参加对科研的立项讨论，学术跟踪有关科研的重点难点解决情况及有关资源的及时提供，研究课题及研究专题的每一项成果都要及时归档。

学科馆员有时就是学科团队成员，对课题的策划、课题的立项、课题的内容分析与见解、论文发表前的讨论、成果评价的专家意见方面，都要有嵌入式服务。这些是进入深层次的学科服务必不可少的过程，也是提高图书馆馆员水平的一个重要方面。

（二）高校图书馆学科服务的重点与难点

在20世纪90年代以前，众多高校图书馆的业务主要以满足师生的日常图书与资料的借阅为主，图书馆的发展长期处于缓慢甚至停滞的状态。但目前来看，图书馆的常驻群体以本科生为主，他们更多的是青睐图书馆优越安静的环境，在图书馆里上自习。在新的大数据环境下，我们应将图书馆功能进行升级，深入探讨新时期图书馆所扮演的角色，如何让更多的资源得到充分的利用，如何让更多的科研师生在足不出户的情况下也可以充分利用图书馆的馆藏资源和服务，解决他们在各自专业上的资料与数据需求。为此，我国高校图书馆学科服务的重点与难点主要集中在学科服务体系的规划与设计、学科馆员团队建设及其素养培训、学科服务连贯性与有效性的监管体系。

1. 学科服务体系的规划与设计

高校图书馆的主要任务是服务本校的教学、科研与学科建设。为此，在制定学科服务体系之前，应进行充分的调研，包括全校研究生、科研教学人员的需求以及科研部、社科部、学科办等学校职能部门对学校的规划及要求等。同时考虑到本馆的发展规模与团队建设，制定相对完善的学科服务体系，涉及与原有服务体系的衔接和创新提升、新服务业务的开展、专业化馆员团队的培植、学科服务工作的培训与监督管理机制等。在实施一段时间后，要进行实施效果的自评与他评活动，调整规划目标与任务。

2. 学科服务资源的建设

（1）印刷型学科服务资源。印刷型学科资源又称传统型学科资源，中华文化有记载的已有5000多年，书写载体从甲骨、钟鼎、皮毛、绢到纸，文字字体从甲骨文、钟鼎文、魏碑到篆、棣、楷、行、草，再到简化字、拼音字，都属于这个体系。网络化、计算机化、信息化下的电子文字信息，是另外一类信息。这一类文字信息虽然是后起之秀，但是发展迅猛，且信息文字传播速度远快于、广于传统文字信息的传播速度和范围。虽然曾经有人提过无纸化办公，但由于断电、死机等现象的存在，至今无法完全实现。当前，两种文字信息同时存在，也可以说是平分天下。传统型学科资源的优点在于，保存与发扬悠久的文化传承。一旦购买了它，可以长期保存，随取随用，同时有收藏价值，比如书法绘画作品。这是电子信息无法完全替代的。

传统型学科资源还有一个优点，就是便于人们延续读书的习惯，特别适合推广全民阅读。在国外的机场、公共汽车站、火车站，常常可以看到英国人、美国人、日本人、德国人、以色列人……在看书。国内的图书馆与新华书店，现在也推出了阅读空间，这是全民阅读的一种推广形式。

（2）数字型学科服务资源。数字型学科资源受软件硬件设备条件的制约，停电、死机、软件瘫痪、硬件失灵等常会影响阅读，而传统阅读无论任何时间、任何场合、任何地点，只要有图书，都可以进行。在真实可靠性方面，传统阅读也具有独特的优势，因为每出版一种图书，都要经过真实性、法律性、道德性、科学性及知识产权的审查，比较安全可靠。

数字型学科资源，目前包括电子书本阅读、电子期刊阅读、网页、多媒体与数据库等形式。它的优点是储存数量巨大，一张光盘可以储存 3 亿文字，假如 20 万字一本的书可以储存 1500 本。数字型学科资源的载体主要分磁介质载体与光介质载体两种，包括光盘、U 盘、移动硬盘、磁鼓、磁带等。电子信息交流快捷，比如手机里的信息可以用 QQ 或微信下载到计算机，在计算机上接入 U 盘、光盘或移动硬盘，从而接入电视机。

电子信息载体也有缺点，最大的缺点就是保存时间不长。无论是 U 盘、光盘还是移动硬盘，其寿命也就 10—30 年，而宣纸可以保存 1000—2000 年，绢可以保存 3000 年。所以，传统资源信息与电子资源信息，最可靠的方式是两者同时保存。

3. 学科馆员团队建设及其素养培训

学科馆员是高校图书馆学科服务的灵魂与核心，其专业化素质会影响到学科服务的专业认可度、服务影响力与效果等。为此，学科馆员团队建设及其素养培训是重中之重，必须加以强调和重视。学科馆员团队可以根据学校的学科建设进行配备，比如北京大学以学部的形式进行学科馆员的组建，同一学部内部配有若干学科馆员，方便馆员对院系提供协同服务。同时，学科馆员除了具有专业的文献检索、数据处理、平台建设等图书情报专业知识外，还要对所负责学科的基础内容有相对专业的了解、认识，以及服务意识、沟通能力、创新能力等。在其素养培训过程中，要注重挖掘学科馆员的优势特长，给其足够的创新自由和空间。

4. 学科服务连贯性与有效性的监管体系

若想为全校师生提供高品质、有影响的学科服务，就必须保障学科服务的连贯性与有效性，这些需要全馆服务体系的配合以及对学科服务的监督管理。学科服务会涉及图书馆的全馆服务体系，包括资源采购及编目、图书借阅及馆际互借、参考咨询、文献检索、用户软件与工具培训、学科发展热点分析等，这就需要全馆上下的一致配合与协作，相关部门在资源、技术、工具、相关知识与技能等优势要转化为学科馆员的能力，满足学科服务的一切需要。学科服务是全馆业务的灵魂，全馆应着重培养馆员调动各方资源的组织能力，提供准确高效的学科服务。

（三）针对科研、教学与学习的学科服务

高校图书馆学科服务的分类如图 4－4 所示。

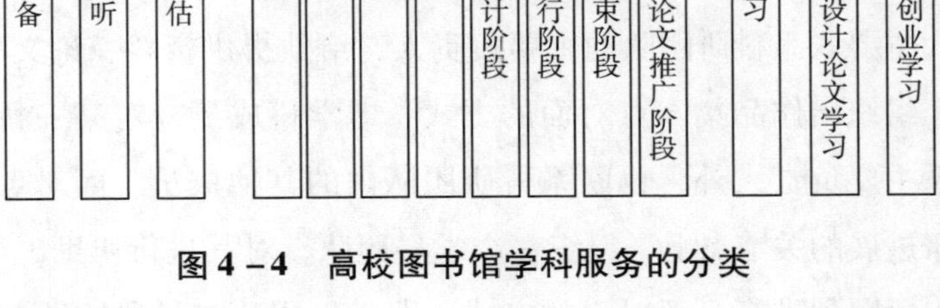

图 4－4　高校图书馆学科服务的分类

1. 针对科研的学科服务

恩格斯说：“劳动创造了人。”而人类社会是靠创造和科研才向前发展

的。因而，摆在高校面前的一个义不容辞的责任就是搞科研。

（1）虚构科研环境。科研人员在科研项目之初，一定要了解该项目在世界范围内的进展情况。这样做有三个原因。其一是不做重复劳动，以免浪费数量有限的高端人才与高端设备资源。其二是对正在进行的研究项目互通，取长补短，他山之石可以攻玉。其三是创造一个将同类项目的人员组织起来的机会，因为集中的力量比分散的要强，只有组织起来才会使社会的发展更为迅速。

根据网络信息时代的特点，英国人于2000年提出要有一个有利于科研的虚拟环境，使分散于各地的科研工作者对各类科研的进展情况有所了解，特别是各自正在进行的科研的状况。于是提出了E-Science概念，这里的E代表环境，Science代表科学。

（2）以嵌入科研作为学科服务的目的。所谓“不达目的决不罢休”，办任何事，一定要有计划、有目的。学科服务的目的无非是三个方面，即科研、教学与学习。而科研作为学科服务的目的之一，这是十分明确的。要达到此目的，首先要选取一个合适的科研团队。第一步就是要找科研实力强、经验十分丰富、资源信息需要量大的团队嵌入进去，并成为科研服务的主要团队。参与该团队以后，不断地了解与跟踪，进行资源建设、数据库培训、总结科研进展的资料文献，适时发出科研通报，不断地促进科研进展，直到科研顺利完成。

（3）针对科研的学科服务的主要内容。从服务方式上可以采取点对点、点对面、面对点、面对面等多种形式。所谓点对点的形式，即学科团队的个人主要联系科研团队的主要负责人，给他提供资料、论文索引、译丛，甚至组织出作品集。点对面的方式，即学科成员针对某一科研团队，除了联系主要负责人外，也联系科研团队内的其他成员。面对点的方式，即在科研进展的关节点上，组织一个学科团队，对其进行协助，以促进科研重大步骤顺利进行。面对面的方式，即学科团队与科研团队多人互动，相互配合，使科研一步步地向预定目标进军。

科研课题的研究，一般分为四个阶段，即课题设计方案阶段、课题进展阶段、课题结项阶段、产品推广阶段。

在课题设计方案阶段，需要查阅大量有关科研课题的档案、图书、论文、软硬件信息。此时学科服务可提供帮助，比如协助查询资源，甚至直接提供资源，也提供国内外同类项目的研究者，以便其寻找可能的合作伙伴。

在课题进展阶段，不断地了解国内外同类科研项目的新进展、新动态，整理科研数据存档，并进行有关的培训指导。

在课题结项阶段，邀请有关专家鉴定，协助撰写课题研究报告、工艺研究报告、使用单位报告、产品稳定性及可靠性报告、产品模拟工作情况报告等，以及产品研制中各类专门报告的入档工作、数字化工作、入库工作等。

在产品推广阶段，要跟踪产品推广的有关工厂、在生产中出现情况的记载、论文发表后的影响，以及论文的被引用情况，并将这些有关材料存入数据库。

2. 针对教学的学科服务

学校的重要工作是教学，大学老师虽然有科研任务，但是与研究所的研究人员还是有区别的。研究所的主要任务是搞科研，大学虽然也搞科研，但老师的大部分时间还是用在教学上。教学是大学工作的基础，教学中的每一个学科由几十种课程组成，类别分为基础课、专业基础课与专业课。图书馆针对教学的学科服务，就是要无缝对接，把图书馆的馆藏资源与知识资源用于学科教学任务。

（1）根据课程类别调配学科馆员。基础课也有细分。有的是全校共性基础课，比如德育教育、基础英语（听力、精读、写作、口语）等；有的是系属基础课，比如旅游管理、饭店管理、财务管理、物流管理、物业管理、行政管理等专业都需要学习管理学。这时如果要调配学科馆员应该尽量调配相近专业的，便于减少工作量与更快地熟悉业务。文科如此，理科也是这样，比如各物理专业的专业基础课程都相同，学生都要学习四大力学（热力学与统计物理、理论力学、量子力学、电动力学），而各专业之间仅仅是专业课不同。有些专业之间，部分专业课程也是相同的，比如半导体的各专业，半导体材料专业、半导体物理专业、半导体器件专业，都要学习“半导体物理”课程。但是“晶体管原理”与“集成电路原理”这两门课仅有半导体物理专业与半导体器件专业的学生学习，而半导体材料专业的学生不学这个。反之，半导体材料专业学生学习的“半导体化学”课程，半导体物理专业与半导体器件专业的学生却不学。所以，若要调配学科馆员，事先必须在系科中对这些情况进行充分的了解。

（2）学科服务要嵌入课堂教学。学科馆员要进行课堂教学的学科服务实验，在学科服务开始就要与进行课堂教学的老师沟通。选择有经验的专业老师后，学科馆员与老师共同讨论教学大纲、教学计划，特别是教学课程安排表。讨论学生的学习状况，包括学习基础、学习水平、学习态度，与老师共同精心准备学习课件。在教学实行的过程中，每当教学关键的重点难点时刻来临，学科馆员也要现场参加。要从教学过程实践中，观察学生们对课程的理解情况与理解程度，根据学生的反馈了解还缺少哪些必备知识，作业难度及完成作业需要哪些辅助资料，讨论考核方式、考核难度及考核结果分析等。

课后评价体系也十分重要，根据学生的考核分析情况，加深对教学效果的了解程度，确定教学方式及教学计划需要哪些改进，以提高教学准入水平及学科服务水平。

（3）逐步建立电子教学及其远程教学平台。集中高校中教学效果好的老师，逐步建立电子教学及其远程教学平台。利用目前网络化、电子化、信息化的有效方法，实现高校间的网络电子资源共享。目前由复旦大学牵头，国内有52所大学的图书馆参与了这种校园网络学科资源建设。这52所大学共同努力，精选同专业老师、精选教材、精选讲述方法、精选录音录像人才与设备，基本覆盖了文、理、工、医、农、林各专业所需的教学资源库，解决了教学资源共享问题与版权问题，已经共建书本资源2万余种，电子教学资源4万余种。

3. 针对学习的学科服务

（1）自主学习阶段的学科服务。大学学习的主要特点就是自主学习。

中小学阶段主要是学生向老师学习，课后仅复习书本知识与做作业。大学阶段十分强调自主学习，因此大学生一个学期所学的书本内容，比中小学学习期间所有的书本知识还要丰富。自主学习有两大部分：一部分是重点、难点的理解，主要是攻克一个“深”字，可以参考多种书刊，以求将重点、难点深刻地理解；另一部分是一般内容的阅读，主要是为了一个“广”字，以参考有关的书刊，将周围尽可能多的学习内容加以吸取。无论“深”与“广”，都不要求将所选阅读书刊全部读完，而是摘取一部分有关章节或一个段落，直到解决问题为止，无关问题的部分略去不读。因而大学生的阅读必须去粗取精、去伪存真，这一点也与中小学的学习方法完全不同。

所以，大学生的学习既有个性化，又有泛在性。在学习过程中，学科馆员与大学生之间，以及大学生同学之间都有互动。学习的载体可以是图书、期刊，也可以是计算机文献、手机文献、网络文献与数据库文献。图书馆可以把这些文献组织起来，搭建学生的学习平台，在平台中囊括大学生的各个学习模块，使大学生阅读起来更加方便。

（2）毕业设计论文阶段的学科服务。学生在高校学习，大专 3 年，本科 4—5 年，有的还会进入硕士研究生与博士研究生阶段。一般一、二年级为自主学习阶段（当然以后一直都会自主学习），三年级开始进入专业课程的学习，同时也进入毕业设计论文阶段。此时的学科服务，从普及化的服务向专业化的服务过渡。

毕业设计论文是一种检验手段，它与一般的课程考试有着本质的区别。课程考试是单一的、传承的、理论性的，是对前人理论与经验的理解；而毕业设计是本专业的知识综合，好的毕业设计包含对本专业的前瞻与创新。所以，毕业设计是高等学校对大学生学习的一个综合性检验考核，体现了大学生对本专业知识的综合理解能力、所思考内容的调查研究能力、思维表达与写作能力，以及一切有关书本知识与数字化知识的分析利用能力，是为国家与社会培养高端人才的一个重要检验环节。

毕业设计的选题，必然是当今现实社会以及学生在本专业中迫切需要解决的问题，所以需要大学生有一定的分析判断能力与社会实践能力。为了发现问题与解决问题，大学生必须对有关资料进行阅读思考，不断地将所学专业知识在解决毕业设计方案方面有所建树，而学科馆员可以在这方面提供帮助、咨询与培训。

高校大学生信息获取经验少，能力不足。学生在查阅信息时，开始往往习惯于纸质资料，不能用数据库检索信息，这时候学科馆员可以协助与培训。特别是外语资料，是大学生不习惯查询的，而各专业的尖端情报资料却往往都是外文，因此更需要图书馆馆员协助其尽快找到所需的文献。

此外，大学生信息筛选能力不强。书刊资料与数字资料是一个浩瀚的知识海洋，专业细分后绝大部分知识与该专业无关，与专业有关的有不少是过时的、无用的信息，因此，学科馆员要教会大学生剔除落后与重复的信息。当然，学科馆员要教育大学生在毕业设计阶段论文写作过程之中应艰苦奋斗，不能弄虚作假，应注重知识产权等德育教育，不能抄袭别人的成果。

（3）针对就业创业阶段的学科服务。就业创业这个问题本身就是十分复杂的，需要了解国家及地方政府当前的方针政策及本地区经济发展的状况，了解本地区人才市场的需求及本地区各有关企业的发展情况，还需要了解周围地区人才市场的需求及本校有关各专业与本地区人才市场需求之间的交汇点。在了解这种交汇点之后，还要考虑当前本校的各专业学生，哪些是迫切需要的，哪些是一般需要的，哪些是不能满足需要的，哪些是不怎么需要的。

在充分了解情况之后，高校图书馆学科馆员就可以对大学生进行就业创业咨询、职业心理学指导、举办企业家讲座、举办本校的毕业生讲座及勤工俭学培训了。

图书馆学科馆员还应该与校内各部门合作，召开就业创业指导交流会。人才资源部门与人才市场合作，协调供需矛盾，及时将链接的就业创业方面的信息提供给大学生。同时对专业培养模式、专业设置的优势劣势做出分析评估，提供改进意见，确定改进方向。

（四）高校图书馆的学科服务创新对策

1. 学科服务的团队建设

很多学校的图书馆应该针对学科的类型来开展相关的建设工作，在这个过程中可以先借助一定的信息技术，提升服务的水平，实现专业化、以人为本的服务目的。那么应该如何更好地为学科提供服务呢？本书认为，首先要和各学科的师生进行良好的沟通，这样才能有针对性地提供并且改善服务。为此，作为图书馆的馆员，应该提升自己的服务水平。从这个角度来说，图书馆馆员最好具有不同的专业背景，以便在服务图书馆的时候能够和不同的专业对接，促使图书馆的学科服务更加高效化。这样也有利于实现图书馆的良性发展。

（1）明确学科服务馆员团队的结构与服务模式。学科服务团队的建设需要明确几个主体，即谁来负责建设，参与建设的主体有哪些等。一般来说，应该由总馆研究支持中心负责发挥带头作用。在建设过程中，特藏资源中心、研究支持中心、学习支持中心、古籍图书馆及各分馆等参与其中。这些机构或部门可以指派相关的人员融入其中，一些馆员更可以在资源的基础上参与到学科服务团队的建设中。对于这个团队来说，应该设立组长、副组长等，他们负责学校图书馆学科服务的实施与协调工作。通常，组长一般由研究支持中心主任兼任，而副组长由分馆办公室主任兼任。

在学科服务的团队建设方面，应该针对具体的院系来建设相关的服务小组。在每个小组中，首席学科服务馆员是必不可少的，他们的作用不容忽视，另外，每个小组还应该包括一些专兼职学科服务馆员，与首席学科服务馆员协调服务于各个院系。

这样建设起来的团队，应该认真研究相关院系的需求，从而提供有针对性的、专业化的服务。这样一来，图书馆的深化服务工作也会更加到位，相关的人员也能得到更好的发展。

（2）严格执行学科服务馆员聘任条件

①学科服务馆员的聘期应该是灵活的，随时结合相关的岗位学区进行一定的调整。需要注意到的是，一些馆员可能是来自分馆的，那么总馆就

要为其颁发聘书。

②在职称方面和学历方面，馆员需要满足一定的要求，即硕士学历或以上/副高职称或以上。

③学科服务馆员也应该吸纳一些不是很专业的人士担任，从而补充一些其他必要的服务。

④基本技能要求：

A. 馆员应该对馆内的资源十分熟悉，知道如何快速检索相关的资源，尤其是电子资源，应该掌握相应的检索方法。

B. 在服务方面，馆员应该对馆内的服务内容和方式有充分的掌握，以此提升服务水平，同时，对于馆内的新型服务馆员也要及时掌握。

C. 馆员应该具备一定的计算机操作水平。能够运用 Office 软件顺利处理相关的工作内容。

D. 在社交媒体方面，馆员应该能够运用微信、电子邮件等新型的社交方式，从而实现沟通与交流的高效。

E. 能够独立开展相关的培训工作。

F. 外语水平良好，具有基本的外语沟通能力。

G. 学习能力良好，能够不断提升自身。

⑤职业道德素质要求：

A. 能够认真对待工作，不推诿，不消极。

B. 将高效作为准则。

C. 对于相关工作充满热爱。

2. 构建综合性的学科知识系统

用户的需求永远是重中之重，对于图书馆的学科服务来说当然也不例外。针对用户的需求，相关人员必须做好收集与分析的工作，切实了解需求情况，这样才能更加有针对性地提供好服务。此外，人们需要思考的一个问题是谁是高校的图书馆用户呢？那必然涉及的用户就是师生群体，还有一些其他人员，甚至还会有一些社会人士。为此，学科知识服务馆员应该切实分析这些用户的特点，能够有针对性地为不同的用户进行相关的服务，这样才能更好地帮助用户快速、高效得到相关的服务。

大数据时代，图书馆在运营的过程中会产生大量的数据，如何分析好这些数据，如何利用好这些数据，也是相关人员需要重点思考的问题。为此，相关人员应该提升自身的信息化素养，构建综合性的学科知识系统，助力图书馆实现数字化服务。应该说，在大数据时代，高校馆员能够结合数据分析多方面的内容，比如相关用户的需求、喜好等，从而把一些有针对性的信息推荐到用户面前，这对于用户来说，是非常好的体验。

3. 提升学科馆员自身能力

智慧化学科服务需要智能技术，更需要人的智能。学科馆员是高校图书馆提供智能化学科服务的关键问题之一，对学科馆员的素质和知识结构、能力素质提出了较高的要求。目前大多数图书馆馆员虽然具有一定的专业背景和图书情报知识，但只能开展定题服务或简单的分析服务，难以真正融入用户的科研需求中去开展学科动态分析等方面的服务。为此，学科馆员自身能力的提升至关重要。

（1）提升学科馆员所负责学科的专业素养。学科馆员要能够满足不同类型用户的需求，就需要具有“广”和“专”的知识结构，不仅具有专业的图书情报知识，还应该对所负责学科有一定的了解与认识。学科馆员为某学科师生服务的知识大多依赖于其隐性知识的显性化。跨学科与交叉学科的发展，使得学科馆员也要构建和完善自己的知识结构。提升学科馆员所负责学科的专业素养，更好地提供智慧化专业学科服务，是大数据时代的学科馆员首先要解决的问题。

学科馆员参加专业学术会议是提高专业素养的便捷路径。可以了解所负责学科的最新研究进展，掌握对特定问题的最新解决方案，与相关专家学者进行沟通交流需求，同时还可以结合自身的图情知识，对所负责学科相关知识的文献进行计量分析。主要的会议内容包括商用数据库、互联网资源和院系专家学者的专业会议等。其他途径还包括研习相关专业书籍与论文，旁听相关课程与讲座，熟悉了解和使用该专业的数据库和信息资源。

（2）经常性深入教学科研一线。深入教学与科研一线，与学科用户进行面对面的沟通与交流，才能真正了解用户需求。如国家科学图书馆武汉分馆学科馆员吕新华研究员嵌入科研过程承担的“湖泊科学国际发展态势研究”项目已获“湖泊与环境国家重点实验室”批准立项。该项目主要是对近10年的湖泊科学研究成果进行深度分析挖掘，分析湖泊科学发展态势，凝练学科发展方向，为“湖泊与环境国家重点实验室”的中长期发展规划提供科学的参考资讯。

4. 强化学科馆员绩效考评与激励

要提高学科馆员的服务质量，必须建立相对合理的绩效考评与激励机制。

（1）考评流程、指标和办法。学科服务馆员考评采取定量和定性相结合、自评与互评相结合的方式进行，如表4－1所示。

表4－1　学科服务馆员考评流程、指标和办法

考评阶段	考评周期	考评人	考评指标	考评标准和办法
学馆日志	每月	学科服务团队组长/副组长	时间：专职每周至少3天；兼职每周至少1天	达到基本天数为合格；超过为优秀
			职责事项：以学校图书馆的各项职责为指标	专兼职学馆完成各自职责的一半以上事项为合格
自评总结	每学年	学科服务团队全体成员	服务工作量统计：在日志的基础上汇总	专兼职学馆分别汇总计算，并根据结果设定平均工作量标准，然后结合院系情况给予加权评分
			服务广度：是否新增服务对象，提供新的服务项目	根据自评总结中的案例和用户反馈信息等综合评定
			服务深度：是否为服务对象提供个性化服务或参与课题，提供案例	
			服务效益：用户反馈、专项服务收入、重点案例	

续表

考评阶段	考评周期	考评人	考评指标	考评标准和办法
			同“自评总结”指标：工作量统计、服务广度、服务深度、服务效益	同“自评总结”评定标准：定量＋定性
全员述职	每聘期（2年）	学科服务团队、相关中心主管、馆领导	创新性：对聘期内学科服务的创新性总结，有哪些开拓性的做法或思路	全员公开述职，结合图书馆聘任考评办法可以现场述职，也可公示述职报告；结合述职报告由考评组定性评分，结合聘期考核由研究支持中心上报考核结果并通报兼职学馆所在中心
			发展规划：对图书馆整体学科服务发展的建议	

（2）激励机制。尊重学科服务馆员的不同需求，重视学科服务馆员的职业发展，建立对学科服务馆员物质和精神奖励相结合的激励机制。

①评选优秀学科服务馆员，结合考评结果及名额比例分别评出优秀的专兼职学科服务馆员，结合图书馆岗位聘任制度中的绩效奖励机制，对总馆的优秀专兼职学科服务馆员给予年终绩效奖，对优秀分馆馆员给予其他相应奖励。

②配合图书馆推进“主副岗”制度，将兼职学科服务馆员职责全面纳入“副岗位”职责，激励重要岗位、高级别岗位和高学历的馆员参与兼职工作和跨中心协同任务。

③充分考虑和支持学科服务馆员的自身学习，主动或优先安排学科服务馆员参加相关专业培训及学术会议。

④考虑到学科服务馆员工作地点、时间等的不确定性，给予每周最多半天的弹性工作时间，用于非工作时间授课的备课或者到院系参加学术活动等，以使学科服务馆员更灵活地开展工作。使用弹性工作时间的工作内容需向学科服务主管报备。

⑤学科服务馆员参与查新、查收、查引等收费服务的，根据任务量多少和完成质量好坏给予阶梯式的创收奖励；兼职学科服务馆员更可实行计件式奖励，即每完成一个收费项目即按约定的比例提成。

5. 以特色服务打造高校图书馆学科服务品牌

伴随着高校学科的不断发展，教学科研信息需求量激增，图书馆学科服务的实践也在不断地丰富和发展。在具体实施学科服务的过程中，必须以团队合作为基础，以学科馆员为纽带，紧紧抓住“服务”这个主题，以动态的专业化特色服务打造高校图书馆学科服务品牌，充分发挥图书馆文献信息中心的职能作用。

（1）信息推送服务。以提升图书馆服务层次、提高服务质量为宗旨，图书馆开展信息推送服务，定期为学院教学科研推送文献信息，以便及时保障教学科研信息需求。

按照图书馆信息推送的内容，可实施如下四类推送服务。

第一类是专业信息资料推送。根据学院专家教授的个人情况制订“专业信息推送服务表”，然后根据反馈的信息，如研究方向、关键词等，在图书馆信息资源数据库中进行查找、筛选、整理，定期为教授进行相关专业资料查询和信息跟踪服务。

第二类是课题信息资料推送。根据学院教学、科研立项课题情况，主动与课题负责人联系，了解课题情况、立项时间、完成时限，并填写“课题信息推送服务需求表”，根据需求信息检索相关数据库，然后将检索结果整理、打包，通过电子邮件的方式发送至指定邮箱，并在相关数据库更新后第一时间再检索，将最新检索结果发给课题组，帮助他们及时跟踪了解所研究课题的最新动态。

第三类是定题服务资料推送。对于学院重大科研课题负责人，主动与他们签订定题服务委托书，建立档案，提供课题查新和跟踪服务，定期了解科研情况，并进行分门别类的整理加工和信息查新，为课题各个研究阶段提供有针对性的信息服务与知识服务，并根据课题研究的进展情况提供连续动态的完整服务。

第四类是读者个性化需求的信息推送。若读者有特别需求，图书馆可针对个人情况或要求，为读者提供多方面纸质和电子信息服务，以满足读者个性化的要求。

（2）学科阅读推广。阅读推广是激发读者阅读兴趣，培养读者阅读习惯，提升读者阅读水平，进而促进全民阅读的一切工作的总称。这项活动也是图书馆开展学科服务的一项延伸工作，是对学科知识的拓展。当前国家倡导全民阅读，为提高大学生的阅读兴趣，增长知识，全国各高校图书馆纷纷利用自身优势，开展形式多样、主题鲜明、内容丰富的阅读推广活动，如读书有奖征文活动、精品图书展览、名家讲坛、图书漂流等。大学生对新鲜事物特别敏感，个性化的推广对其更具吸引力，如真人图书馆（Living Library）、读书达人秀等。这些阅读活动对大学生的阅读习惯和阅读兴趣具有一定的导向性，但是要指导其选择阅读内容、扩大阅读范围，帮助其掌握阅读技巧并提高理解能力，还是需要相当一段时期图书馆人共同努力的。

①建立图书馆阅读推广活动机制。推广活动关键在于人，确切地说是图书馆馆员。首先要强化图书馆馆员在阅读推广方面基本知识技能的培训，包括组织筹划各种活动、协调专家来院讲座等；其次是图书馆建立起一整套馆员激励机制，设立不同级别的阅读推广馆员，与其职称评审、年终考评相结合，激励馆员的干劲，消除馆员在平凡工作中累积起的职业倦怠感。

②根据各类院校情况实行专题策划。各类型高校的办学定位及人才培养目标不同导致其图书馆进行阅读推广活动的差异。因此，各图书馆应因校制宜，求同存异，在共性基础上体现各自的差异化，满足本校的阅读实际。

一类，重点高校。目前，“985 工程”高校、“211 工程”高校的办学目标是建设世界一流、高水平研究型大学，故此类高校图书馆阅读推广活动要体现大学生的需求，如专业性学术性图书推荐、出国考研等专题辅导讲座，以及体现专家学者成长道路的真人图书馆、精品图书推荐展览等。

二类，普通本科高校。此类学校办学定位主要是建设教学研究型高校，故此类高校图书馆可开展适当的专题讲座，如考研、心理与健康、恋爱与婚姻等，并利用新媒体网络进行阅读推广。

三类，高职院校。以培养应用型人才为目标的高职高专院校图书馆可开展职业讲座、图书漂流、读书知识竞答等推广活动，引导学生充实自我，合理利用新媒体技术。

③精心打磨树立品牌活动。大学生们对自己喜欢参加的阅读推广活动积极性高，故图书馆馆员在筹划活动时，要充分考虑到这些，真正将大家喜闻乐见的活动推广出来，精心打磨，做成精品，树立成图书馆的品牌活动。对那些大家没有兴趣参加的活动，查找并分析原因，改进调整活动方案，使其更加贴合大学生的需求。

④推广活动成果提高成效。图书馆将阅读推广活动形成总结报告，并与学院协调沟通，将阅读推广服务纳入教学课程体系，从根本上让大学生真正成为推广的主体，大大提升大学生的阅读层次和文化品位。并将阅读推广活动嵌入学科建设，将本院校重点学科开辟专题讲座、书展等，为学生们提供课程延伸性阅读及信息辐射。图书馆还可在学院举办不同专业的职业专题讲座，并展开职业相关主体书展与信息推送服务，帮助大学生加深对未来职业的了解。

（3）编撰情报刊物，开展深度学科信息挖掘服务。图书馆为了开展深度情报分析服务，充分开发利用文献，按照本院校教学科研和学生自主学习需求的特点，将文献中潜藏的情报信息挖掘出来，并根据形势任务需求推出专题探讨栏目，由专业人员利用学科知识进行收集、整理、分析、归纳、加工、编撰，以刊物的形式发布，供用户参考、决策，为学院的教学、科研提供信息保障。编撰情报刊物也是学科化服务的一种形式，许多高校图书馆也在做这项服务工作。

情报刊物特点鲜明。一是新。刊物内学科知识信息是最新的、权威的，并具有独特性，更新速度快，实用性强。二是深。刊物信息包容量大，是通过对文献的分析、筛选、归纳、加工、提炼出来的多种信息的集合体，揭示文献内容层次深，便于用户对信息有全面的认知了解。三是广。刊物涵盖技能与知识，是智慧的结晶，并可以通过广泛交换来传播信息，实现自身价值。

如今，大部分的大学图书馆都是由馆员来进行日常的维护和运营。对于图书馆的资源，特别是图书资源，一些馆员因为具有较深的资历所以能够把相关的资源推荐给读者，让他们及时找到需要的信息，实现针对性的服务。此外，需要注意的是，图书馆也可以联系一些教师、教授，或者其他一些专家等，自行撰写一些刊物，实现图书馆资源的更新与完善，不断拓宽图书馆的资源。这样也有利于图书馆学科服务的创新。

二、高校图书馆的阅读指导服务创新

（一）高校图书馆服务和阅读指导概述

1. 高校图书馆阅读服务

图书馆的服务是为读者提供的服务。所以，图书馆应该把读者作为重点，作为首先需要关注的群体，从而为其提供相关的服务。大部分读者都是在图书馆进行阅读。为了帮助读者进行更好的阅读，图书馆应该将实体文献复制、书目参考咨询、专题信息检索等阅读服务作为重中之重，让读者能够在这些方面得到较为清晰、便捷、高效的服务。

2. 高校图书馆提供阅读指导

读者需要利用图书馆去获取知识，在获取知识的时候，图书馆可以为读者提供一定的指导，从而促使读者能够具有良好的阅读能力。如今的时代是一个信息爆炸的时代，每个人都需要充分掌握阅读的方法，才能更好地应对世界的变化。因此，图书馆为读者提供一定的阅读指导是十分必要的，这不仅是为读者考虑，也是为了图书馆得到更好的发展。

（二）高校图书馆服务和阅读指导的必要性

图书馆的服务看似简单，实则特别复杂。图书馆的建设初衷是更好地促使广大民众的素质得到提升，让整个社会通过阅读变得更加天朗气清。在这个过程中，图书馆的相关服务必不可少。正因为这样，国家把图书馆建设作为重中之重，鼓励广大群众走进图书馆。对高校图书馆来说，不但需要为读者提供一定的阅读服务，同时还要收藏一些关键性的核心资源。可以说，高校图书馆的服务模式是藏用并重。但是需要注意的是，这样的模式在如今也发生了改变。如今的高校图书馆应该把“以读者为中心”作为重中之重，毕竟不管什么资源，都应该得到利用，而不应该被束之高阁。图书馆和读者是分不开的，图书馆需要和读者进行沟通和交流，读者会对高校图书馆的期望不断提升。

因此高校图书馆应该切实认识到自己的问题所在。如今，高校的招生规模日渐扩大，相应地图书馆的规模也需要得到一定的扩张，这样才能更好地满足读者的需求。不仅是师生对图书馆的服务有了更高的要求，社会与国家也对于高校图书馆有了更高的要求。在这样的情况下，高校图书馆应该切实从实际出发，满足多方面的要求，这样才能更好地发展。需要注意到，国外的一些图书馆服务工作比较成熟，他们不仅对校内开放，也对校外开放，为更多的读者提供服务。我国的高校图书馆在这方面还存在一定的不足；国外的图书馆服务工作有相应的法律法规和制度来作为规范与指导，我国在这些方面相对不足。为此，我国图书馆要走的路还很长。

高校图书馆应该把学生的需求作为重中之重。高校毕竟是培养高素质人才的地方，学生的发展才是高校得以立足的根本，因此图书馆首先应该为学生提供更多的服务，帮助学生在校园内实现自我提升。针对高校大学生，图书馆的阅读服务工作应该切实推广开来，高校可以通过和教师沟通或者和学生沟通，了解广大学生的需求，然后为学生推荐他们该读的书，让学生得到有针对性的指导，以此促使学生能够不断提升自我阅读能力，掌握更多的信息，以应对将来走入社会的需要，帮助学生实现更好的发展。

（三）高校图书馆服务和阅读指导的主要内容方法

随着网络的发展，高校图书馆的管理已进入智慧管理时代。在这样的背景下，高校图书馆的服务创新包括四个方面：一是实现高校图书馆的职能和角色创新，这样做的目的是使高校图书馆从根本上实现转型；二是智慧校园与智慧教育二者是相辅相成的关系，要促进智慧校园与智慧教育协同发展，实现共同建设的融合，达到全面发展的目的；三是为高校图书馆读者用户提供实际需求，在高校实施智能化、个性化、多样化、知识化、绿色化服务，从根本上满足用户需求；四是实现可持续发展，这也是高校图书馆实施创新的终极目标。因此，在智慧时代，高校图书馆服务创新的目标是实现服务创新的科学理念。具体创新方法如下。

1. 以用户为中心

在智慧时代，主要强调以人为本而进行全面的设计，因此可以说，用户是最重要的。在智慧时代，用户的参与非常重要，也越来越受到重视，高校图书馆针对服务的创新以及图书馆的发展目标的设定，都要以人为首位，重视人的价值和公共价值的开发和利用。为此，高校图书馆应全面创新服务模式，从而形成以用户为中心的智能化服务模式。

2. 泛在服务

泛在服务也是智慧时代服务创新与发展的要求，是智慧时代对高校图书馆提出的要求。泛在服务需要高度智能化的技术支持，尤其是要重视网络通信基础设施的建设。在智慧时代，让图书馆的读者用户在享受服务时忘记技术的存在，就如同我们平时说中文一样自然习惯，这正是高校图书馆的服务创新与发展目标。这种服务模式的优势就是可以有效地促进个性化服务的发展，从而做到尊重人们的个性化选择。

3. 技术融合发展

现在，是智慧的时代，也是技术大同的时代。通过将不同技术进行融合，从而达到促进业务融合的目的，就是技术大同。这样的发展模式在高校图书馆服务的创新发展中表现为高校图书馆资源服务中的资源集成发展、资源共享发展以及资源整合发展。通过全面利用资源，提高高校图书馆的发展能力，并在这个过程中实现用户服务交互功能。在这种创新的发展方式中，高校图书馆的读者用户，往往只需要享受这种高效集成化的信息资源服务即可，而不需要面对一些复杂的服务系统浪费大量的时间，这在一定程度上大大提高了用户的体验。因此，在当今社会技术大同的技术环境下，高校图书馆以这种融合共存的方式，实现了馆藏资源的共同建设和共享。事实上，高校图书馆的这种协同共享模式不仅使高校图书馆的信息资源和信息服务能力得到根本上的提高，而且还从侧面推动了图书馆个性化服务的发展和进步。比如，在这种模式下，馆内的读者用户能感受到被尊重，用户的选择和需求得到尊重后，其满意度也就会得到相应提高。

4. 创新发展

一切事物都有其发展规律，图书馆的发展也不例外。因此，在智慧时代下，高校图书馆服务创新工作和建设必须符合图书馆未来的发展趋势。高校图书馆的建设过程中，往往会出现资源浪费的问题，要想解决这一点，高校图书馆必须在创新过程中充分考虑顶级设计目标，将这一目标与高校图书馆未来的发展方向相结合。只有这样，高校才不会在图书馆服务创新的发展建设中出现重复建设的情况。如此，可以从根本上避免资源浪费问题，从而全面落实和贯彻图书馆创新发展、高质量发展的理念。除此之外，现阶段良好的服务创新发展建设的重要性主要体现在两个方面，一是良好的服务创新发展建设是高校图书馆未来发展建设服务的关键；二是良好的服务创新发展建设能为图书馆的后续发展建设打下良好的基础。这两个方面的作用，能让图书馆的所有建设内容物尽其用，体现节约资源这一战略。在智慧时代背景下，利用智能化信息科技，不断研发新技术，以达到降低成本的目的，是高校图书馆创新发展的本质内容，高校图书馆以最低的成本完成服务创新工作，高校图书馆服务系统就会以绿色环保的形式稳定且高效地发展，从而使高校图书馆服务创新系统便捷而又持续地运行。

5. 安全可靠

在互联网发达的今天，用户信息泄露问题层出不穷。高校图书馆在服务创新过程中，也要注意信息泄露问题。因此，安全可靠是智慧时代图书馆在服务创新发展中的重中之重。图书馆在发展创新服务内容的同时，要保证读者用户的个人信息的安全，使读者用户在利用图书馆资源时，不会担心自己的信息泄露问题，消除读者用户的后顾之忧，可以放心使用移动数字图书馆。

大数据技术和云计算技术的发展，不仅推动了智慧时代的产生和发展，同时也推动了许多智能化技术、智慧化服务的出现。一方面，这种技术的出现给国家和人民带来了新的发展和便利的生活；另一方面也带来了一定的不良影响。具体来讲，读者用户的个人信息安全以及高校图书馆的馆藏资源的安全问题都需要得到管理人员的重视。面对这样的状况，高校图书馆在为读者用户提供高水平智能化、高效服务的同时，要加强信息安全保护和建设，重视读者用户的信息隐私性。这是高校图书馆在大数据信息资源丰富、网络环境杂乱无章的情况下需要重点思考的问题。要注重建立信息的安全机制，从而更全面地保护高校信息数据资源，让读者用户感受到高校对其个人的尊重，这些问题不仅需要高校图书馆的管理人员重点考虑，还需要相关人员全面考虑。高校要想建立完善的信息安全机制，不仅需要致力于安全技术的研究开发，还要从人文环境和社会环境两个方面展开全面管理，从不同的方面与读者用户建立相互信赖和互利的运行机制，实现读者用户和高校图书馆的共同进步、共同发展。由此可以看出，高校图书馆和读者之间相互信赖机制的重要性。

综上所述，高校图书馆要与读者用户一起思考，积极接受读者的建议和意见，统一协商，具体决定，从而使高校图书馆服务的发展和创新得到快速、真正的发展。

（四）高校图书馆阅读指导创新的主要策略

1. 营造读书氛围

大学生的综合素质及学习能力对国家的未来发展具有直接的影响，因此大学生的阅读量和学习能力必须引起重视。高校应充分认识到图书馆建设工作是十分重要的，因为高校图书馆的作用在于为学生提供良好的阅读环境，从而帮助学生养成自主学习的好习惯。加强对如何营造图书馆读书氛围的研究，并且通过利用图书馆自身效能来维持浓厚的读书氛围，是充分发挥高校图书馆功能的体现。

（1）丰富创意活动体验。在创意活动方面，可以多借鉴国外图书馆的成功经验。

在阅读推广方面，美国大学图书馆及其他合作图书馆的成功经验值得我们借鉴。2012 年，为了提高学生对阅读的兴趣，美国伊利诺斯中央学院图书馆举办了第一个对所有人开放的夏季阅读计划活动。这个活动一经推广，便受到了人们广泛的关注和参与。活动承诺，任何人在指定的时间内能够读完4本书就会得到奖励，这个奖励是美国伊利诺斯中央学院图书馆的参观优惠券。经过这次活动后，美国伊利诺斯中央学院图书馆又于2014年举办了“图书馆之夜”活动。又如西雅图中央社区学院图书馆，于2012年与西雅图图书馆合作，举办每年一届的“西雅图阅读”计划。经过高校图书馆的各种阅读推广，学生们积极参与，使这些活动取得了成功。

在创意项目方面，国外许多大学图书馆在为学生解压方面举办了很多有创意的活动，值得我们借鉴。2011年，格林内尔学院图书馆为期末考试周的学生提供了很多减压项目。比如，学生们可以在图书馆的展板上进行涂鸦、画画。同年，圣巴巴拉城市学院的卢里亚图书馆组织学生在考试周里听诗朗读。2015年，普渡大学图书馆在学生期末周，为学生准备了有趣的活动，包括免费的茶点、棋盘纸牌游戏等，以帮助学生缓解压力。另外，在丰富学生课余活动上，瓦拉瓦拉社区学院图书馆于2013年，举办了一些比赛、自行车骑行等活动，引起了学生的广泛参与。综上所述，可以得出，创意活动对于学生的吸引力是无可厚非的，图书馆想要吸引学生的眼球，要采取“有意思”的营销策略，具体来讲，图书馆可以策划“有意思”的活动来吸引用户，然后再将其转变为“有意义”的服务，从而将潜在用户转变为长期的忠实用户。

（2）做好新书宣传工作。新书宣传工作是高校图书馆读书氛围的营造措施中重要的一环。新书宣传工作是否到位，决定着图书馆的资源是否能够得到充分的利用，从加强新书宣传这一角度说，定期开展图书鉴赏活动，能在很大程度上提高图书馆资源的利用度。学生在进入大学之前，因为受到学业、年龄等因素的影响，对优质图书资源的接触面受到限制，特别是对于农村学生来说，因为环境的限制，使得其阅读课外图书的机会很少，从而容易导致学生盲目选择图书。因此，学生入学后，图书馆管理员可以组织一些活动，帮助新生培养阅读兴趣以及学会选择图书。比如，组织新生参观阅览室的活动，具体介绍图书馆的功能区和图书资源等，为之后的学生进入图书馆学习打下基础。在这个过程中，可以让学生感受到图书馆的读书氛围，有助于让学生体会图书馆开展自主学习时的应用价值，从而对读书产生兴趣。另外，为了帮助学生提高综合素质，图书馆需要重点介绍人气书籍和功能型阅览室，向学生说明各种定期刊物的检索技术等，便于学生随时阅读。除此之外，在图书宣传工作上，图书馆管理员还可以与相关学科教师携手制作图书馆的专题书刊，对阅读价值高的书刊进行重点介绍和推荐，使学生对阅读产生兴趣，并在阅读中找到适合自己的书籍。同时，图书馆还可以结合教育改革的需要，开展关于阅读知识的竞赛活动，并且选出优秀读者提供相应奖励，以此逐步培养学生的读书习惯。

（3）设立图书助理，定期组织图书展示讲座。要想营造图书馆的氛围，除了丰富创意活动体验和做好新书宣传工作外，还可以设立图书助理，开展书籍介绍讲座等措施。这些措施可以很好地保障图书馆的正常运营，方便学生进行图书借阅、阅读分享以及自主学习等，从而慢慢创建适合学生发展的图书馆的读书大环境。

要选拔有阅读经验对阅读有热情的学生担任助理，这样可以更好地为其他学生提供管理服务。并且，学生充当图书助理，直接接触图书管理工作，可以加强学生对图书馆的亲近感，吸引他们尽量在图书馆自主学习，从而在学生和图书馆自身功效的共同作用下创造良好的读书学习环境。

图书馆的图书助理是联系图书馆和学生之间的桥梁，不仅可以拉近图书馆和学生之间的距离，还能使整个大学图书馆的读书氛围更加浓厚。对于图书馆来说，主要的服务对象是学生，只有考虑到学生的读书需求，图书馆才可以实现不断发展的目的。

2. 明确读者需求

现阶段，信息技术高速发展，推动了图书馆服务数字化转型发展，以用户需求为主要驱动力，智能化的发展趋势是图书馆信息服务的发展方向。图书馆的数字化服务推动了图书馆管理机制和转型战略的升级优化，在图书馆服务方面不断地改革创新。对大学生来说，智能化的图书馆更具吸引力，更符合读者的需求，从而使图书馆的资源利用率和使用率得到有效提高。

图书馆的未来发展有赖于图书馆服务创新的发展，社会各界也高度重视图书馆的服务创新。高校图书馆的服务创新工作必须以满足高校教育为发展目标，在这一目标的引导下，高校图书馆开展服务工作才能更有针对性、更加高效。以沈阳师范大学图书馆为例来分析，沈阳师范大学图书馆组织学术讨论会，主要围绕图书馆服务创新建设方面开展活动，在活动中详细讨论了怎样构建图书馆新型服务体系和实践活动的开展，有助于图书馆服务质量的升级。在此过程中，高校各方都可以对图书馆的创新发展建言献策，推动高校图书馆服务创新实践的有效实施。以读者需求为核心是图书馆新型服务体系构建的原则，这一原则适用于各类图书馆，在构建新型服务体系的过程中遵循这一原则有助于图书馆更加贴近读者，拉近图书馆与读者的距离。遵循以读者需求为核心的原则有助于推动图书馆资源结构优化升级，改革图书馆服务模式，促进图书馆可持续发展。

3. 落实评估工作

高校图书馆管理工作的重点是用户服务工作，高校图书馆各项业务活动也是以用户服务工作作为出发点的。通过构建用户服务工作评价体系，有利于提升读者满意度。读者服务工作的实施效果是构建图书馆工作评价体系的重要指标，图书馆用户服务工作的实施效果可以通过信息查询水平、基础服务设施等方面表现出来。提升图书馆的信息查询服务能优化图书馆服务模式，提升图书馆服务质量。从这一角度来说，图书馆应该更加侧重信息查询平台的建设，实现信息资源的共享，推动服务项目的有效实施，更好地促进高校图书馆的建设。利用信息化技术助力高校图书馆服务质量提升是非常有必要的，信息化技术能助力图书馆信息的收集和整理工作，能保障图书馆制订的服务方案切实有效，推动服务工作的开展。

图书馆提供的是服务工作，一般来说是没有办法对其进行定量评估的，主要在于很大一部分服务工作是无形的，有些服务成效能直接呈现出来，有些则不能，而是通过对用户满意度的调查才能间接评估其服务成效。所以说，问卷调查是评估这类无形服务的有效方法。图书馆的基础服务项目主要包括图书馆软硬件设施、开馆时间、资源管理系统以及功能区与阅读。评估这一类服务项目时，既需要掌握具体的服务工作内容；也需要把基础服务项目纳入服务工作评估框架内，这样才能设计出合理有效的评估框架。高校图书馆需要不断丰富自身馆藏资源，满足学生学习的需求，为学生自主学习能力的培养提供基础保障。这样一来，就需要更加注重图书馆文献资源配置和信息管理系统，因为这两方面是重要的评估指标。图书馆提高业务执行效率的根本设施是统一信息平台，有助于全面管理和加工图书馆的馆藏文献，也能提升图书馆服务工作成效。图书馆评估体系的建设不仅需要注重基本服务评估指标，信息咨询服务评估指标也非常重要。高校图书馆提供的教育培训、问题咨询以及课题检索等都是信息查询服务的主要内容，高校图书馆提供这些服务能充分发挥图书馆的职能，更好地为读者服务，同时也不断丰富和完善自身的知识服务体系。

评估图书馆的服务实效就是利用定量指标或定性指标评价图书馆服务的实效性，通过读者到馆率、服务效率以及服务满意度等指标具体评估图书馆服务实效，对评价指标进行综合分析，指导图书馆服务工作的开展，提升服务质量。

4. 指导方式多样化

信息技术手段不断应用于图书馆服务工作，使得读者的阅读方式发生了很大的改变。在阅读过程中，大学生更加趋向于功利化和娱乐化，大学生的整体素质及综合能力难以得到有效提升，不利于学生个人成长。因此，要加强图书馆阅读方式的多元化发展。在学生导读方面，高校图书馆要充分发挥其职能作用，指导学生阅读，重视高校图书馆在导读方面的积极作用，不断创新图书馆阅读指导方式，掌握图书馆阅读发展趋势。

图书馆的发展受高校图书馆导读工作的影响，导读工作的开展效果和发展趋势对图书馆服务创新发展和阅读指导工作起着重要作用。高校图书馆导读服务发展趋势可以从以下几方面进行研究。首先，营造良好的阅读氛围。学生阅读兴趣的培养、长期阅读习惯的养成都有赖于高校图书馆的导读活动，高校图书馆的导读活动有助于提升学生的综合素质。良好的阅读氛围需要精心设计导读活动来完成，同时良好的图书馆阅读环境对学生的阅读也有一定的吸引力，能够提高学生进入图书馆的频率。其次，注重满足读者的需求。以读者需求为核心开展图书馆的服务工作，将读者的个性化需求细致划分。高校图书馆对读者的需求进行积极引导，在学生自我要求和自主阅读选择方向方面，高校图书馆提供必要的基础保障，帮助学生完善自身的阅读体系。高校图书馆要科学指导学生阅读，满足学生的阅读需求，促进学生素质的提高和自身的发展，远离不良阅读。

5. 保证资源易用性

高校图书馆应加强资源建设和配置的投入力度，动员全校师生共同协作参与，加快实现高校图书馆资源共享。高校图书馆建设应积极利用现代化信息技术，推进图书馆内部文献资源数字化转型，提高图书资源的收集和整理效率。网络媒介对数字化资源有重要作用，推动了数字化资源的传播，促进了图书馆的资源共享，提高了图书馆资源利用率，这是传统纸质资源所无法比拟的。利用先进的科学技术，可以推动数字化图书资源的建设，加快图书馆图书资源共享速度。现阶段，在图书馆文献资源共享方面，地区政府部门已采取制定针对数字化资源的监管制度等多种有效措施，制度的制定与实行提升了图书馆文献资源安全性，规避了网络环境存在安全隐患，为高校图书馆数字化资源建设提供了强有力的制度保障。安全防护技术也适用于数字化文献资源存储数据库的建设，可以保障图书馆文献资源信息的安全，也有利于图书馆资源共享建设，提升文献资源的利用率。

除此之外，高校图书馆还需要设立相关管理机构来推动图书馆的建设进程，提高图书馆的管理效率，更好地为用户服务，提升服务质量。高校图书馆管理机构可以选择一些综合素质比较高的，并且热爱阅读的学生参与图书馆的管理，在学生群体中搜集学生的需求，将之反映给图书馆的管理者，促进图书馆管理者和学生群体之间信息的有效传递，从而进一步了解学生需求。高校图书馆要以学生需求为出发点，提升服务质量，以便更好地满足读者需求。读者在信息查询、文献资源获取等方面有着更多的需求，高校图书馆应注重信息管理系统，更好地满足读者在这个方面的需求，使服务工作取得实效，促进图书馆的长远发展。

另外，图书馆需要不断扩大开放，加快数字化文献资源建设，提升服务价值。高校师生是高校图书馆主要的服务对象，高校图书馆应重视信息系统建设，遵循图书馆运营规律，为师生借阅图书馆的文献资源提供基础保障。在图书馆运营过程中加入网络信息技术，便于用户进入图书馆统一信息平台高效使用图书馆内部资源，打破资源利用受到时间与空间的阻碍，提升图书馆文献资源利用率，在满足用户需求的基础上打造图书馆良好的阅读氛围。用户获取相关信息资源是以图书馆开放为前提的，只有在开放的环境下，才能保证信息共享系统的安全运行，满足用户获取文献资源的需求。图书馆建设离不开信息技术的应用，数字化资源对高校图书馆创新服务和阅读指导都有重要的意义，因此，高校图书馆应加强对工作人员的培训，使其能熟练掌握基本的信息技术知识，利用计算机设备更好地为读者服务，提升服务质量，使图书馆的阅读指导工作开展得更具针对性。高校图书馆管理人员在掌握信息技术的基础上还应了解书籍的类型和内容，这是因为图书馆的阅读指导工作随着馆藏文献数量的增加，难度不断加大。只有初步了解了书籍类型和内容才能更好地为用户服务，提升服务质量。提升图书馆的服务质量和阅读指导水平还可以通过建立数字化资源系统来实现，高校图书馆管理人员可以利用信息系统提高管理和服务的针对性，保障图书馆服务工作顺利开展。

三、高校图书馆的个性化服务创新

读者对图书馆来说是非常重要的存在，图书馆的生存、发展有赖于读者，读者最有资格对图书馆的工作进行评价。经济的高速发展带动了用户需求的发展，用户对图书馆文献信息的需求更加多元化。图书馆针对用户需求的变化需要做出积极应对，吸收其他行业的管理经验，注重自身服务质量的提升，以便更好地满足用户的需求，促进图书馆的发展。读者对图书馆做出的评价可以作为图书馆改进的依据，根据用户的个性化需求制定新的质量管理方针和质量管理目标，提升图书馆服务质量。

（一）利用数据挖掘拓展读者个性化服务

读者进入图书馆后，会产生各种数据，这些数据记录在各种视频设备、网络设备、门禁设施等上面，还包括一些检索、咨询等行为做出的反馈数据。高校图书馆可以将这些数据进行汇总分析，分析主要分为两类，一类是分析群体，另一类是分析个人阅读行为。对数据进行分析之后，基于分析结果可以创建读者阅读行为的数据资源库，可以反馈出读者在关注热点及动向、阅读爱好方面的倾向，高校图书馆可以以此为参照，提升读者服务的针对性和有效性。在社交、移动平台上面，图书馆可以为师生推送他们感兴趣的馆藏资源和信息资源。美国凯斯工学院基金会做过一项研究，得出这样的结论：一名从事自然科学或从事社会科学的学者，需要分别花费30.2%和52.9%的时间在信息检索与加工方面，一项课题的研究才能完成。数据服务质量的提升是高校的科研人员所期望的，因此，高校图书馆建立的数据服务资源库有助于辅助高校科研人员完成研究。教师在校及来校前的学术文章发表、被收录或引用等都会产生一定的数据记录，这些数据记录能将教师个人学术历程反映出来，指明学术研究方向，图书馆可以搜集和挖掘这些数据记录以供本校教师科研合作做参考。

毕业生在校期间与图书馆相关的阅读行为也会产生一定的数据记录，高校图书馆将这些数据搜集和统计起来可以为毕业生提供个性化的毕业服务。以美国国会图书馆为例分析，美国国会图书馆推出以“美利坚记忆”为主题的为高校学生制作的毕业生纪念册，将学生在学校期间的论文发表情况，活动获奖名次，本届毕业生的借阅量，最受本届学生欢迎的书籍、学院、个人阅读行为等数据进行分析，在学生毕业时发给学生，纪念他们昔日的校园阅读生活。再比如，厦门大学和华东师范大学根据毕业生利用图书馆数据制作的“校园记忆之我的图书馆生活”影像，记录了毕业生第一次来到图书馆的日期、第一次借阅的图书、在校期间的到馆天数、借阅册数等情况，受到毕业生的一致好评。毕业生大数据的分析与连续记录能够反映图书馆的服务水平，也能将本届学生的培养情况反映出来。

（二）完善信息可视化服务

网络技术的发展带动了人们获取和提供信息的方式的改变。将信息反馈的结果可视化是图书馆用户和信息服务的共同需求。高校图书馆应在这方面做出相应的努力以满足用户的需求。大数据有一个显著特点是价值密度低。大数据价值密度低，那么高校图书馆在分析的过程中就需要大量的数据才能挖掘出有效的信息，将对大数据的分析结果用可视化的方式呈现出来，以此来提高服务的针对性，更好地满足用户需求。隐藏的信息能在可视化的处理过程中被挖掘出来，避免信息资源的浪费。用户也能够在查看可视化结果后进行评价和反馈，高校图书馆基于此可以及时调整服务策略，进行有针对性的服务。

信息可视化服务主要是指抽象的数据在相应的技术的处理下能够转变成直接观看的服务。有效的信息可视化技术标签有云、空间信息和历史流。对信息进行可视化处理便于高校图书馆分析和挖掘数据，让服务和决策更具针对性。高校图书馆信息个性化服务取决于信息可视化服务，高校图书馆信息服务也将以信息可视化服务为未来发展方向。

（三）借助人工技术为读者提供个性化服务

人工智能技术是在计算机技术发展的基础上，对人类的行为和思维进行模仿，并通过推理和证明，进行信息的识别，从而能代替部分人工劳动。在图书馆建设中，人工智能技术能打造出更高质量的智慧信息系统，通过收录和整理加深学生行为信息等，了解学生对文献资料的检索习惯和借阅习惯，后期师生在图书借阅中，可以通过计算机和大数据技术对其行为习惯的分析，为其推荐更加精准的资料和信息，有效提升图书馆的服务质量。在图书馆建设管理中，将视频监控和人工智能有效结合，进行智能实时监控，还能防止图书资料的丢失等。另外，可以借助传感器等智能设备，创建人性化的感知网络系统，快速收集和整理相关信息，打造高效的图书馆平台。

四、图书馆空间服务创新实践分析

数字图书馆向智慧图书馆的转型升级过程中，智慧管理与空间服务十分关键。在智慧管理方面的建设，十分强调智慧管理的系统性、智能性。在图书馆空间服务创新实践中，则将重点设置在空间再造、智能服务模式创新两个方面。所以，在实际的图书馆空间服务创新实践中，应该尽可能将系统性的智慧管理与配套性的空间服务措施结合起来。下面从空间再造、智能服务模式创新两方面展开具体讨论。

（一）图书馆空间再造

首先，在智慧图书馆建设中，应该对图书馆的智慧管理目标进行精准定位，根据智慧管理目标，针对图书馆空间再造问题研发设计一些具体的空间再造方案。现阶段大部分图书馆在空间再造项目产品的生产建设过程中，主要按照空间功能分区的办法，实施功能分区空间资源建设、多元化服务内容建设。智慧图书馆在实际的空间再造实践中，将用户个性化与空间个性化资源建设进行了对应，在不同的空间功能分区中，强调了智能操作的便利性、空间分区的模块化。以智能操作便利性为例，整体空间再造中，按照从中心到外围的基本思路，先在中心空间设置数据管理平台，再按照不同的功能空间分区，设置子系统管理平台。这样，每一空间分区的智能操作，均能够获得满足，并透过中心空间数据管理平台，快速实现相关数据的采集、抽取、分析、生成报告、分发报告等程序，达到在线快速服务目标。

其次，在具体的空间再造中，主要是按照标准化设置的办法，先进行空间分区，再进行功能分区，最终形成针对功能空间的分区目标，即每一个图书馆功能空间，均能够满足其多元化的服务目的。比如，将某个图书馆内空间区分为若干功能空间：A 空间以咨询服务为主；B 空间以数据管理服务为主；C 空间为创客或制作人服务；D 空间为社交协作服务；E 空间为劳动力孵化服务；F 空间为数据素养培养服务等。此时从 A 到 F 的空间均采用标准化的资源配置，包括桌、椅、信息设备等。那么，任何一个功能空间，均可以替换其他功能空间。所以，功能空间的精准区分与资源标准化配置，在实质上有利于将变化因素调整到具体的服务内容层面，推进智能服务模式创新。

（二）智能服务模式创新

智能服务模式创新是智慧图书馆空间服务的核心部分，成功的模式可以提高图书馆资源的利用效率，扩大其盈利空间。比如，以空间再造为前提的数字人文服务模式，以智慧图书馆智慧管理为主、配套实施智能服务的“馆员 + Eu 图文小管家”模式。由于功能空间区分中注重对“需求侧”的分析和对“供给侧”的改革，因而，在空间服务创新方面，往往由于对用户个性化需求的差异，会产生完全不同的智能服务模式创新。比如，在劳动力孵化服务功能空间中，其智能服务模式，重点强调信息资源的推送；在数据素养培养服务中，则会考虑数据分析技术、数据库技术的具体应用操作培训等。所以，在智能服务模式创新时，应该注重对“以用户驱动创新图书馆智能服务模式创新”“以学习者为中心的智能服务模式创新”等智能服务模式创新经验的吸收。

以数字化为基础的智能人文服务模式为例，需要将管理、功能、技术三大模块结合起来。比如，将数字化智慧技术平台、个性化技术服务平台，与管理方面的许可、工具、安全、导师资源结合起来，即能够通过功能空间分区，增强管理方面的资源配置效率，进而根据智慧管理系统提供分析结果，完成各项专项服务工作。需要注意的是，大部分图书馆在该方面的人才储备资源相对较少，为了解决导师资源配置不足的问题，可以扩展一些服务内容，如在劳动力孵化方面的智能人文服务模式创新实践中，既可以增加技术操作训练服务，也能够根据实际的劳动力需求分析，在总体上开展素养拓展训练，推进不同功能分区之间的内容互补，提高资源利用效率。另外，智慧图书馆智能服务模式创新实践中，应该做好专项服务、综合服务的区分等。

第五章

高校图书馆管理与服务创新实践案例

在大数据、人工智能、物联网、移动互联网等现代信息技术快速发展的知识管理时代，英国、日本、美国等发达国家高校图书馆非常重视面向校内外用户的知识服务工作，加大经费投入，高度重视知识资源库、特色资源库和知识库建设，构建先进的网络化知识服务平台，采用线下和线上相结合的方式，积极开展支持教学科研、学科、学生学习与成长、创业就业以及社会化知识服务，积累了丰富的经验，有不少做法和经验值得我国高校图书馆学习借鉴。

从已有的研究成果来看，目前对发达国家高校图书馆知识服务研究的主题相对集中，采用的研究方法主要以调查研究、对比研究、总结归纳为主，但真正在篇名中体现知识服务的成果并不多见，对知识服务平台建设、知识资源库建设、知识服务模式、知识服务能力评价、面向企事业单位和科研院所知识服务的研究成果还较少。因此，对发达国家高校图书馆知识服务进行全面、系统、深入的探讨，对其好的经验进行总结归纳分析，所得结论建议对我国高校图书馆开展知识服务具有一定的参考价值和借鉴意义，对提高我国高校图书馆知识服务能力和水平具有重要的理论和现实意义。

第一节　发达国家高校图书馆管理与服务创新实践

一、英国高校图书馆管理与服务创新实践

在现代信息技术快速发展的大数据时代，英国高校图书馆非常重视面向校内外用户开展知识服务工作，在特色知识资源库建设、专业知识服务团队建设、教学科研与学科知识服务、社会化知识服务等方面都积累了比较丰富的经验。具体来说，有以下几个方面。

（一）高度重视特色知识资源库建设

英国高校图书馆拥有丰富的特色馆藏资源，主要通过特殊文献建设项目、特色馆藏数字化项目、特色馆藏建设调查项目等强化特色馆藏资源建设工作。英国高校图书馆非常重视特色资源库建设，充分发挥其在知识服务中的作用，积极提供给校内外用户使用。一些拥有珍稀馆藏的高校图书馆，如牛津大学图书馆、剑桥大学图书馆等，充分发挥学科专业、科学研究和社会服务优势，实时对其部分特藏资源进行数字化管理，建立特色资源知识库，并通过网络化、在线 App 等方式及时提供给校内外用户使用，以提升图书馆的全球影响力。

（二）知识服务形式以网络化为主

英国高校图书馆知识服务的形式已经从过去的人工服务转变为以自助和网络化服务为主，网络化服务形式多样，移动互联网技术被广泛使用。网络化的知识服务平台大大提高了知识服务的效率和质量。多数高校图书馆基于 Youtube，Instagram，Facebook，Twitter 等欧美主流社交媒体平台开展知识服务，同时也通过网站主页提供在线咨询服务。

（三）专业团队进驻，提供优质知识服务

大部分英国高校图书馆除有自身的专业服务团队外，还有馆外的专业技术人员或团队进驻图书馆，为校内外用户提供各类专业知识服务。主要服务内容包括信息技术支持服务、数据支持服务、科研论文写作支持服

务、心理健康辅导、职业生涯规划、创业就业服务等。馆外专业技术人员或团队的加盟，不仅缓解了图书馆知识服务专业技术人员的短缺问题，而且能为用户提供高质量的专业服务，进一步提高了图书馆知识服务能力和水平，增强了图书馆知识服务的竞争力。

（四）高度重视学科知识服务

高度重视学科知识服务是英国高校图书馆的显著特点，如曼彻斯特大学图书馆和牛津大学图书馆等都拥有专业的知识服务团队。它们既依托网络平台，也重视现场服务。具体包括以下三种方式：一是进驻院系服务，即学科馆员定期、定时深入院系，主动提供现场咨询服务；二是教学服务，即根据需求为系统的课程提供教学环节服务；三是科研项目服务，即为科研项目提供专业的研究支撑。学者张毓晗主要从四个方面对英国高校图书馆进行了调查研究，这四个方面分别是高校图书馆的学科服务内容、组织架构、教学和培训方式、新技术和反馈手段。

（五）积极开展社会化知识服务

英国高校图书馆充分利用自身拥有的数字知识资源和专业服务优势，积极面向校外用户开展社会化知识服务工作。刘倩雯、束漫调查了英国高校图书馆针对中小学的知识服务现状，指出高校图书馆应拓展服务范围，面向校外尤其是中小学群体提供知识服务。①

（六）高度重视支持教学科研服务

英国高校图书馆高度重视支持教学科研知识服务，主要体现在以下两方面：一是重视科学数据管理知识服务，这也是知识服务工作的一大特色。科研数据管理服务是基于科研数据全生命周期所产生的有关服务，包含数据管理计划、元数据的创建与转换和数据监督等。如英国剑桥大学图书馆长期以来重视科学数据管理服务，构建了系统完善的科学数据管理政策体系，为用户提供个性化的科学数据服务，包括科学数据管理计划制

---

① 刘倩雯，束漫.英国高校图书馆面向中小学服务的调查及启示[J].大学图书馆学报，2020，38(3)：80－88.

订、科学数据集创建、科学数据组织整理、存储访问及共享、科学数据素养教育等；拥有专业服务团队，开发了集成化科研服务平台，采用专题网站、公开咨询等多种方式。英国高校图书馆为保证科研数据管理服务顺利开展，制定了四项保障措施：科研数据管理的政策规范、科研数据管理的技术平台、科研数据管理的工具资源、科研数据管理的咨询培训。二是重视开展面向科研和数字人文的知识服务。孟祥保对英国23所高校图书馆开展科研知识服务现状进行了调查分析，得出的结论是：23所高校都开展了内容丰富、形式多样的科研知识服务。如牛津大学图书馆开展科研知识服务主要涉及学术出版、科研数据管理、科研讲座与培训、数字人文、特藏等。英国高校图书馆科研知识服务的主要内容包括文献资源获取与管理服务、科研信息管理服务、科研数据管理服务、开放存取与学术出版服务、科研评价服务和用户科研培训等。①

（七）积极开展支持学生成长成才的知识服务

英国高校图书馆非常重视开展支持学生成长成才的知识服务，具体包括支持学生的学习、科学研究、创新就业、健康等多个方面。刘倩雯、谈大军对英国30所高校图书馆支持学生健康的服务现状进行了调查研究，得出的结论是：英国高校图书馆提供了信息资源、物理空间与活动项目三方面的健康支持服务，服务策略包括开展合作、设立团队、关注特殊需求、强调学生参与服务、加强服务营销等。②

（八）非常重视专业技术人才队伍建设

英国高校图书馆非常重视专业技术人才队伍建设。英国是世界上最早实行图书馆资格认证的国家，对从业人员的资质、职业能力等很早就建立了比较完备的规范和体系。高校图书馆对馆员职业能力的要求较为务实，对年龄和学历没有具体要求，非常看重馆员的实践能力、沟通能力、工作态度等。周晓燕、尹亚丽通过调查研究发现，国外高校图书馆对科研数据

---

① 孟祥保. 英国高校图书馆科研服务现状调研及启示[J]. 图书情报工作,2017,61(13):53－61.

② 刘倩雯,谈大军. 英国高校图书馆支持学生健康的服务调查与分析[J]. 大学图书馆学报,2021,39(2):107－114;12.

服务人员的要求为：硕士以上学历且有社会科学、图书情报或特定领域学科背景，擅长计算机编程和统计分析，具有较强的信息技术能力和数据挖掘分析能力，同时需要有一定的实践能力和工作经验。①

二、美国高校图书馆管理与服务创新实践

美国高校图书馆非常重视知识服务工作，在支持学科、教学科研、数字人文、学生成长成才、社会化服务等方面都取得了明显成效。

（一）搭建先进的学科信息服务平台

学科馆员与学科用户进行沟通与交流的主要工具和媒介是学科信息服务平台，也是提高学科服务效率的重要辅助形式。目前很多高校的图书馆依靠引进的 Lib Guide 系统组建自己的学科信息服务平台。该平台通常由首页、Guide 界面、Page 页面和 Box 模块四部分组成，馆员只需依据账号密码登录后，就可以根据各个学科的信息资源建立、更新或指导。平台服务质量的高低关键在于服务开展的内容与深入程度。例如，知名学府哈佛大学，该校图书馆就凭借自身具备的丰富内容，在组建学科信息服务平台上，为后来者树立了典范。

以哈佛大学法学院的图书馆为例。该图书馆构建的学科信息服务平台包括六大模块，分别是研究咨询请求（Request and research consultation）、学科探索研究指南（Explore research guides by subject）、资源检索平台（HOLLIS +）、常见问题探索（Search our FAQ）、培训活动注册（Sign up for a training session）和课程网站登录（Log into your course sites）。

（二）积极开展学科知识服务

美国高校图书馆高度重视学科知识服务，学科服务也是其知识服务最重要的内容。不少研究型大学图书馆都建有学科图书馆，多数高校图书馆都设立了学科馆员制度，拥有一支专门的学科知识服务专业人才队伍。学科馆员在学科服务中发挥着重要作用，其不仅仅是为院系的教学和科研提

① 周晓燕，尹亚丽. 国外高校图书馆科研数据服务人员知识结构分析：以 IASSIST 网站中 2015 年的招聘信息为例[J]. 图书情报工作，2016，60(3)：76－82.

供学科信息、开发学科馆藏，而且拓展到课程设置、教学资源选择、学生的成长成才，学科服务更加强调知识和智力服务。同时，美国高校图书馆也非常重视学科知识服务平台建设，积极采用网络化的服务方式，主动服务、网络服务、定题服务、个性化服务是其学科服务通行的做法。如哈佛大学图书馆将学科服务的馆员分成研究馆员、学科馆员和院系联络人三类，紧紧围绕学校的教学和科研，充分利用新技术开展学科服务；康奈尔大学图书馆有500多名馆员，其中学科馆员80多名。学科馆员关注学科发展动向，及时了解院系发展需求，并成立专门机构来负责全部学科馆员管理和培训工作，提供高质量的学科服务。学科服务除了提供馆藏资源、参考咨询、教学培训、联系院系外，还拓展至学术出版与传播、数字工具开发、科研数据管理、资源发现与管理等方面，并提出要将学科服务融入教学科研活动、人才培养、学生成长成才的全过程。

（三）积极开展社会化知识服务

美国高校图书馆普遍重视社会化知识服务工作。从20世纪60年代起，美国高校图书馆就开始了社会化知识服务工作，例如，咨询服务、图书借阅服务、读者卡服务、专题馆藏服务、数据库服务、远程信息服务、针对性借阅服务和现场参观服务等。经过多年实践，积累了丰富的经验。

美国高校图书馆开展社区知识服务由来已久，其将自身定位为大学与社区之间的桥梁，在开放图书馆知识资源及服务、培养社区成员信息素质、建立合作交流和伙伴关系、协同组织展览与学术活动等方面开展了大量卓有成效的探索，积累了丰富的服务经验，采用了愿景管理模式，打造延伸服务，构建延伸服务体系和依托项目落实服务等举措。如俄亥俄州立大学图书馆推动馆藏和教育资源的开放获取；石溪大学图书馆建立了完善的社区服务活动体系。

美国高校图书馆高度重视面向校友开展知识服务工作，明确将毕业校友划分到校外读者类型中。廖璠、蒋芳芳调查了U. S. News & World Report于2017年发布的美国高校综合排名前30的高校图书馆，发现图书馆面向校友提供的服务内容主要包括文献借阅服务、电子资源服务、参考咨询服务、空间服务、校友捐赠、参观校园等。[①] 同时，不少美国高校图书馆还为校友提供体现学校优势和特色的个性化知识服务。美国高校图书馆面向校友开展知识服务时，有时会发挥地方校友会或学校校友管理机构的作用，校友所访问的电子知识资源中有不少资源是由校友会或校友管理机构提供的。如哈佛大学校友可使用由校友会提供的知识资源库。美国高校图书馆为校友提供形式多样、内容丰富的知识服务，比如电话咨询、邮件咨询和实时在线咨询等，同时为校友提供空间服务。

美国高校图书馆非常重视开展专利信息服务，向用户提供专利信息资源、专利检索培训和信息咨询、专利信息资源及服务导航、专利信息资源及服务推广等。服务对象为校内外用户，校外用户主要是企业。

（四）重视面向科研教学开展知识服务

重视科研教学知识服务是美国高校图书馆普遍的做法。金秋萍采取网络调研法，选取以美国排名前 30 所的高校图书馆为样本，归纳和总结了图书馆科研支持服务的主要做法和实践经验。[②] 哈佛大学、普林斯顿大学和麻省理工学院等大学图书馆都明确将科研支持服务作为重点发展战略，写入发展战略规划中。美国高校图书馆突出以科研人员为中心，除了提供常见的科研技术服务、科研咨询外，还针对科研人员需求，提供数字化服务、学术知识资源使用、数据查询、写作指导等科研支持服务。

美国大学图书馆重视科研过程支持服务，主要是针对科研人员在科学研究全过程中的各种需求，提供各种学术知识资源和科研支持服务。具体内容包括研究工具服务、数据监测服务、科研指南、数字化服务、科研咨询服务、学术交流服务、技能培训服务等。

美国高校图书馆非常重视科研数据管理服务工作，其主要内容包括开展科研数据管理教学培训、协助制订科研数据管理计划、提供科研数据安

① 廖璠，蒋芳芳. 美国高校图书馆校友服务调查及启示［J］. 图书情报工作，2019，63（9）：135－143.

② 金秋萍. 美国高校图书馆科研支持服务启示：基于美国 30 所高校图书馆的调研分析［J］. 四川图书馆学报，2021（2）：73－77.

全保障服务。主要方式包括举办研讨会、开放咨询柜台、开放咨询邮箱和建立专题网站，以及独立或与学校其他部门合作开展科研数据管理服务等。

美国高校图书馆高度重视数字人文服务。苏敏以 2019 年 U. S. News & World Report 发布的世界大学综合排名前 50 的美国高校图书馆为调查对象，发现这 50 所美国高校图书馆均开展了数字人文服务。[①] 该服务包括数字人文科研支持服务、数字人文项目服务、数字人文教学支持服务及数字人文相关课程等。

美国高校图书馆积极开展科研成果转化知识服务。在具体科研成果转化过程中，图书馆主要向科研人员提供信息培训服务、信息调查服务和信息检索服务。具有服务优势的图书馆还会向科研人员提供更加专业的知识挖掘和知识发现服务。科研成果转化服务方式主要有支付—咨询模式、商业化团队模式和创业配对模式。支付—咨询模式是美国大学图书馆广泛采用的科研成果转化服务模式。该模式可将科研成果相关学科的图书馆馆员纳入高校商业计划和创业计划中，为参与商业或创业计划的人员提供相关咨询，或采用教学的方式为企业人员、研究人员和其他人员提供培训服务。

（五）积极开展面向学生成长成才的知识服务

美国高校图书馆积极开展面向学生成长成才的知识服务。一是积极开展支持学生学习的知识服务。如哈佛大学图书馆为不同主题提供定制的课程，并提供特殊馆藏来支持这些课程，为本科生推荐同行研究员，提供基本研究帮助，并将其嵌入所需的图书馆服务，为学生创造不同的学习体验。达特茅斯学院图书馆通过学习社区、研究写作和信息技术学习中心以及学习促进中心为学生提供学术支持服务。普林斯顿大学图书馆提供写作研讨会、课程指南及数据和统计建议等研究数据服务。康奈尔大学图书馆针对本科生的研究过程，开展了选择研究主题、查找书籍、资源评估、整

---

① 苏敏. 美国高校图书馆开展数字人文服务的路径与启示[J]. 情报理论与实践,2020,43(7):194-201.

合引用来源等一系列服务。此外，图书馆还提供指导和写作辅导研讨会，重点关注图书馆资源、研究工具、研究方法和信息素养，以创建最有效和最佳的指导课程。如哥伦比亚大学图书馆为本科生和研究生提供写作支持，并开设指导课程和写作中心，同时还提供研究数据服务、嵌入式参考咨询和研究帮助。耶鲁大学图书馆针对本科生获取图书馆资源的需求，为每个本科生指定一名图书馆馆员。二是重视开展本科生研究支持服务。鄂丽君、马兰通过对美国高校图书馆开展本科生研究支持服务调查，发现其服务内容主要包括研究咨询，提供研究用空间，为本科生讲授课程，设立图书馆研究奖，设立图书馆研究员计划，协助本科生发表，保存与展示研究成果，提供研究指导信息等。[①] 美国高校图书馆本科生研究支持服务的经验主要是重视在本科生研究支持服务中提供合作，促进本科生使用图书馆资源，开展嵌入本科生研究过程的服务。三是非常重视开展创业知识服务。侯茹对美国高校图书馆创业服务进行了专题研究，通过调查发现高校图书馆构建了全过程、立体化的创业服务体系，主要内容包括创业文献资源服务、创业课程支持性服务、咨询服务、创客空间相关服务等。[②] 同时，美国高校图书馆将创业服务列入图书馆战略规划，鼓励馆员协调创业服务工作，协同校内外合作力量共同推动创业服务，开展图书馆创业服务评估，设置图书馆创业服务专职岗位等。

（六）重视知识服务专业队伍建设

美国高校图书馆非常重视知识服务专业技术人才队伍的建设，注重人才的综合素质、专业能力、信息技术能力和沟通能力等，在学科馆员的选拔、数字人文馆员等方面都设置了较为严格、具体的标准和要求。专业馆员的图情专业教育受到美国高校图书馆的关注，招聘专业馆员时图书馆从业经验是不可缺少的要求。在学历方面，美国高校图书馆绝大多数专业馆员具有较高的教育背景，专业馆员以图书情报学硕士为主，其他学科硕士

---

① 鄂丽君，马兰．美国高校图书馆的本科生研究支持服务[J]．图书馆论坛，2020，40(2)：159－164．

② 侯茹．美国高校图书馆创业服务研究及启示[J]．图书馆学刊，2018，40(4)：138－142．

为辅。在经验方面，美国高校图书馆非常注重专业馆员自身具备的图书馆相关工作经验。如亚利桑那州立大学图书馆要求特色馆藏主管具有3～5年馆藏发展从业经验，5—7年图书馆学术研究的专业工作经验。在知识与技能方面要求也很具体，如宾州州立大学图书馆要求政策研究、政治学和政府信息馆员理解、研究和设计定量方法，研究学术或图书馆环境中的新兴实践、标准和趋势，包括数字学术、开放获取，以及数据发现和使用。美国高校图书馆数字人文馆员知识结构主要包括以下几个方面，一是专业和学历结构，如普林斯顿大学要求应聘者具有社会科学、图书馆学、人文科学或者其他相关学科的博士学位。二是专业知识要求，主要具备图书情报学、数字人文、计算机网络等知识。三是综合素质和能力，以组织管理能力、人际交往与协作能力、服务意识能力、环境适应与学习能力为主。纽约大学图书馆、得州农工大学图书馆、普渡大学图书馆等要求应聘者具有很强的服务理念；麻省理工学院图书馆、迈阿密大学图书馆等明确会优先选择有项目管理经验的应聘者。四是相关工作经验。多数高校要求应聘者具备相关工作经验，很多单位甚至要求或优先考虑具有多个相关工作经验的应聘者。伊利诺伊大学香槟图书馆和斯坦福大学图书馆在必要和预期条件下要求五份以上的工作经验。斯坦福大学图书馆规定，申请人必须有5年或5年以上的工作经验，加州大学圣克鲁斯图书馆要求至少有4年的工作经验。因此，各种相关工作经验的积累对于数字人文服务具有重要意义。

此外，在跨部门的学科馆员队伍建设方面，美国高校图书馆同样取得了一定的创新效果。学科服务的核心与主体是学科馆员。以耶鲁大学为例，耶鲁大学图书馆主页“服务”栏目下的“学科馆员”显示，图书馆为123个学科方向设置了学科馆员共33人，每人负责的学科数量为1—17个。这些学科馆员隶属于不同分馆的不同部门，在馆内所担任的职位也不一样，有的是副馆长、分馆馆长、部门主管，有的是参考馆员、编目员等。这是因为这些来自不同分馆、不同部门，担任不同职位的馆员组成的学科馆员队伍，为耶鲁大学师生提供的学科服务是全面的、深入的、系统的。因为这一特性，所以不难发现，耶鲁大学其实没有专门的、独立的学科服务部门，也没有设置学科馆员这一岗位，学科馆员普遍身兼数职，来自不同部门，受所属部门管理。专业委员会通过下达工作任务，而协调员则负责保障各项业务的组织以及协调开展。

三、日本高校图书馆管理与服务创新实践

日本高校图书馆积极开展面向校内外用户的知识服务，在具体知识服务实践中，尤其重视以下几方面的工作。

（一）重视特色资源库建设

日本高校图书馆重视特色知识资源库建设。一流高校图书馆基于文化遗产类特色馆藏资源，积极开展对外服务，主要方式是借阅、检索、复制、扫描、咨询、宣传培训等，并针对特色馆藏出台了专门的服务制度。

（二）积极开展学科知识服务

开展学科服务也是日本高校图书馆知识服务的一个特色。章望英以日本10家教学研究型高校图书馆为研究样本，对其学科服务现状及发展态势进行了调查分析。[①] 结果表明，日本教学研究型高校图书馆不仅注重学科服务与科研活动的深度融合，以学科馆员支撑信息素养教育服务，而且提供定制化、一体化的参考咨询服务，形成了贯穿学科服务全生命周期的全流程服务体系。

（三）高度重视学生学习支持的知识服务

日本高校图书馆非常重视学生学习支持的知识服务，且涵盖了学生成长发展的全方面，主要提供生活咨询、科研论文写作辅导、学习咨询、信息检索辅导、信息技术辅导等服务。此外，不少图书馆还基于数据分析和资源推荐提供特色学习支持服务。如九州大学图书馆在网站中设立了集在线课程大纲、讲座等信息于一体的“学习”专栏；大阪大学图书馆提供了

① 章望英．日本研究型高校图书馆学科服务发展态势及启示[J]．图书馆工作与研究，2018(12)：21－27.

“学习用书目推荐”。

（四）高度重视联盟知识资源库建设

日本高校图书馆为了提高自身知识服务能力和水平，非常重视知识资源的共建共享建设，尤其是在联盟知识资源库建设方面很有特色。高校图书馆知识资源共建共享体现了很高的组织性和统筹规划性，有全国性的，也有区域性、行业性和系统性的，它们共同形成了交叉联系的知识资源共享网络。其中，日本大学图书馆联盟和日本国立信息研究所是具有代表性的两个组织。此外，还有九州地区高校图书馆联盟和京都地区高校图书馆联盟等区域性高校图书馆联盟，以及日本药学图书馆联盟和日本看护图书馆联盟等学科图书馆联盟。日本大学图书馆联盟基于日本高校图书馆，以资源共建共享为目的，实现信息资源的集中购买和共享，降低了信息资源的采集成本，目前已基本形成了类型多样、结构完整的具有统一的协议、技术标准和信息资源系统的组织体系。

作为日本综合学术信息系统发展的中心机构，日本国立信息研究所基于自身资源及背景优势，承接了学术信息收集、整理和提供服务，还积极开展电子图书馆服务、综合书目数据库系统、学术信息网络和馆际互借系统等信息资源共建共享工作。

（五）积极开展社会化知识服务工作

日本高校图书馆高度重视社会化知识服务工作。一是图书馆向社会用户开放，如提供借阅服务、电子知识资源服务等。二是提供在线访问数字化珍本资料服务。例如，东京大学图书馆允许社会组织借阅珍本书籍，并在需要时进行再版、出版、展示和展览，由于版权问题，服务会受到严格审核。三是根据馆藏知识资源的特点、服务方向以及学校学科专业特色，积极向社区、企事业单位及科研院所提供知识服务或者开展合作。

四、发达国家高校图书馆知识服务的启示

英国、日本、美国等发达国家高校图书馆知识服务的实践，在知识资源库、特色资源库、联盟知识建设，服务教学、科学、学生成长成才，网

络化知识服务平台建设，社会化知识服务等方面积累了丰富的经验，值得我国高校图书馆开展新时期知识服务借鉴。

（一）要高度重视社会化知识服务

《普通高等学校图书馆规程》明确指出：高等学校图书馆要积极参与各种资源共建共享，发挥信息资源优势和专业服务优势，为社会服务。因此，我国高校图书馆要加强自身建设，充分利用知识资源等优势，积极开展社会化服务。一是面向企事业单位和科研院所开展知识服务，及时了解这些单位的知识需求，充分利用现代信息技术和知识服务平台，为他们提供战略决策、创新发展、参与竞争所需要的知识；二是加强与社区的合作，了解社区的知识需求，积极面向社区开展内容丰富、形式多样的知识服务；三是面向中小学开展知识服务，利用图书馆的知识资源优势，了解中小学知识需求，积极开展知识服务；四是面向校友开展知识服务，校友是高校最重要的资源，高校图书馆要将校友知识服务制度化，服务内容不限于一般的文献借阅服务，应该提供参考咨询、竞争情报等服务，服务方式以个性化、网络化为主。同时高校图书馆要加强与学校校友管理机构、地方校友会的合作，共建知识资源库，联合开展校友知识服务，拓展校友知识服务的广度和深度，提高校友知识服务的质量和水平，扩大学校图书馆知识服务的影响力。

（二）积极开展学科、教学科研知识服务

《普通高等学校图书馆规程》明确指出：高等学校图书馆要建设全校的文献信息资源体系，为教学、科研和学科建设提供文献信息保障。英国、日本、美国等发达国家高校图书馆在学科、教学科研知识服务积累了非常丰富的经验，有很多好的做法值得我国高校图书馆学习和借鉴。在现代信息技术快速发展的大数据时代，我国高校图书馆尽管也开展了学科、教学科研知识服务，但与发达国家相比，差距还是很明显的。以科研数据管理服务为例，北京大学图书馆、复旦大学图书馆和武汉大学图书馆都开展了此类服务，但与发达国家高校图书馆相比，在服务制度、服务人员、服务方式、服务内容、用户培训等方面存在较大差距。因此，我国高校图

书馆要提高学科、教学科研的知识服务能力，就必须在以下几方面下功夫：一是要进一步提高为学科、科研教学知识服务的理念，充分利用自身知识资源和专业服务优势，积极开展为学科、教学知识服务；二是进一步完善学科馆员、科学数据管理馆员、数字人文馆员制度，加强专业人才队伍建设，提高馆员队伍的综合素质和能力；三是要充分利用现代信息技术和科学数据管理服务平台、数字人文服务平台、学科服务平台，采用以网络化为主的服务方式，积极开展为学科、教学科研提供的知识服务；四是在服务方式上，可以深入院系进行现场服务，也可提供在线服务；五是在服务内容上，要及时掌握和识别用户的知识需求，精准施策，为用户提供针对性强、高质量的知识资源；六是在服务团队上，可以采用图书馆专业团队独立服务，也可以采用图书馆专业团队和其他专业团队联合服务的方式；七是充分发挥特色知识资源优势，积极开展特色化服务。

（三）大力推进为学生学习支持和成长成才的知识服务

发达国家高校图书馆开展为学生学习支持和成长成才的知识服务是其主要特色，有不少好的做法和经验值得我国高校图书馆学习和借鉴。为学生学习和成长成才提供知识服务是我国高校图书馆的重要功能之一。我国高校图书馆要进一步提高为学生学习支持和成长成才的知识服务意识，创新服务方式和方法，充分利用现代信息技术和知识服务网络平台，及时了解学生需求，针对学生的课程学习、科学研究、社会实践、能力提升、升学深造、职业生涯规划、创业就业、学科竞赛、社团活动、学术交流、心理健康等方面提供专业化的知识服务。要以主动服务、个性化服务、网络化服务方式为主，加大图书馆公共学习空间的开发与利用，为学生营造良好的学习研讨环境。

（四）高度重视特色知识资源库、联盟知识资源库建设

高等学校的图书馆承载着学校收集文献资料及各种信息的功能，如果要促进学校师生查询获取信息的便捷，就要推进文献信息服务功能的建立和健全。发达国家高校图书馆非常重视发挥自身的学科专业和特色馆藏等优势，建立特色资源知识库，及时为校内外用户提供知识服务。因此，我国高校图书馆，要充分发挥自身的学科专业、特色馆藏及资源优势，加大特色知识资源库的建设力度，同时加快特色知识资源数字化的进程，通过专业化的知识服务平台，及时为用户提供知识服务，扩大图书馆知识服务的影响力，提高学校图书馆的知名度。

发达国家高校图书馆非常重视通过加强联盟知识资源库建设，来提高图书馆的知识服务能力。因此，我国高校图书馆要积极加入国家、区域、行业或系统图书馆、情报系统联盟，如全国图书馆参考咨询联盟、中国高等教育文献保障系统、高校图书馆联盟、长三角高校图书馆联盟、地区高校图书馆联盟等，加大知识资源共建共享的力度，提高图书馆知识服务能力。

（五）重视网络化知识服务平台建设

在互联网、大数据、云计算、物联网、人工智能、移动互联快速发展的新时代，我国高校图书馆要提高知识服务能力，一方面要积极借鉴发达国家高校图书馆知识服务平台建设的做法和经验；另一方面，要加大资金投入，统筹规划，积极构建一体化的知识服务平台。一是建设专业知识服务平台，如学科服务知识平台、科研数据管理服务平台、数字人文服务知识服务平台、专利标准知识服务平台等；二是积极加入国家、区域、行业或系统图书馆和情报联盟，接入图书馆联盟、情报联盟知识服务平台；三是要接入国际联机检索系统，共享其丰富的知识资源。

（六）积极进行知识服务人才队伍建设

我国高校图书馆要提高知识服务能力，就必须在知识服务专业技术人才队伍建设上下功夫：一是积极借鉴发达国家高校图书馆专业人才队伍建设好的做法和经验；二是要做好图书馆知识服务专业人才队伍建设规划；三是要制定专业人才队伍建设的标准，如学科馆员队伍建设标准、数字人文馆员队伍建设标准等，强化知识结构、专业能力、综合素质、信息能力、道德品质、工作经验等；四是要出台相关管理制度，严格专业人才队伍的管理；五是要加强培训和教育，持续提高他们的专业素养和能力。

第二节　新时期高校图书馆服务创新案例分析

一、南京大学图书馆

南京大学图书馆打造了一款自助服务的“智慧图书馆”，是能够服务于读者的在线功能，并且随着不断的改善和发展，现如今已经形成了一个较为完善的“智慧图书馆”服务体系，也可以满足读者的个性化要求，同时这些功能仍然在不断的升级转型中。这里以具有“智慧图书馆”典型特色的模块“Book +”为例。“Book +”是图书馆升级版本的OPAC，这项技术将图书馆中所有的馆内收藏的资源进行整合，与网页技术相结合，交互性更加突出，让读者享受到更加智能和便捷的服务，体验到新技术的魅力。“Book +”中包含六个功能，分别为：读者用户登录注册、个人书目借还信息、个性化书目推荐、个性化期刊推送、馆藏资源书架、个人书架。具体的功能如下：

第一，读者在使用之前要进行用户的注册登录，这个系统不光可以进行新账号的注册，同时也支持多种第三方账号的登录绑定，包括大众使用频率最高的微信、QQ、微博、电话和邮箱等，可以在这些平台上收到信息的推送和提醒，同时账号绑定便于找回密码和信息，十分便捷。

第二，个人书目借还信息功能。师生如果使用该系统借阅书籍资料，系统会在个人账户显示借还的信息，包括之前借阅的书籍信息、之后预约借阅的图书信息、借阅的超期未还的图书信息和已经归还的图书信息等。这里还有一个更加强大的馆际互借功能，可以借阅与本学校有合作的图书馆的图书，资源更加丰富强大。

第三，个性化书目推荐功能。大数据方便了人们的生活，在“Book +”模块当中，系统可以根据用户曾经的借阅信息、阅读偏好，并综合用户的个人信息、身份，为用户量身打造个性化的书目推荐，学生身份会推荐相应的学科专业资料信息，图书馆新到图书资源也会包含在推荐的书目当中。

第四，个性化期刊推送功能。图书资源中不仅包含各种书目，还包含各种期刊资源。这个功能和推荐书目的模块一样，都会为用户推荐最新期刊和最爱资源，也可以定制自己需要的期刊内容。

第五，馆藏资源书架功能。“Book +”采用自动集成化管理系统，在提供书目推荐的同时，书目的简介、销售量、网络评论、图书借阅量等都有详细的介绍，同时开放了用户评价，可以实时地更新书目的评价。

第六，个人书架功能。“Book +”包含图书的收藏功能，用户可以建立自己的个人书架，书架上可以收藏文献资料和书目杂志，同时也可以将这些收藏的资料分门别类建立文件夹，整理归档更加清晰。

另一种“Find +”知识发现服务模式是近几年发展得比较成熟的服务技术，在高校图书馆管理上十分普遍，这种模式有很多优势。首先，在最佳搜索结果相关性排序体验方面，在搜索相关主题字段后，排序的相关性按照专业主题和文章的题目优先，之后是文章和书目的关键词或者是摘要的关键字。其次，“Find +”知识发现服务的搜索采用 EDS 搜索技术，这种技术在语法判断、权重评估以及多语种分词等方面有不俗的表现，完全可以满足用户的需求。另外，该服务在用户使用创新上也有很大的优势，服务网络连接计算机和手机，用户不仅可以使用计算机进行操作，也可以用手机的相关 App 进行访问使用。同时在检索方面，该服务更是连接数百个数据库，完全满足了用户的检索需求。全新的服务模式为南京大学图书馆带来了新的发展方向，促进了图书馆的全面发展。

二、上海交通大学图书馆

上海交通大学的图书馆创立了“泛在智慧课堂”的管理模式，在国内的高校图书馆领域十分具有代表性，值得同行学习借鉴。上海交通大学“泛在智慧课堂”的研发团队不仅包含学校的研发部门，也包括第三方研发机构。学校和超星公司进行合作，联合了学校教务处和网络信息部门等，共同开发了“泛在智慧课堂”。“泛在智慧课堂”包括两方面，“智慧校园”与“智慧学习”，这种模式连接图书和课堂，让学生和老师在学校进行课堂学习的时候可以参考专业的电子教参教辅资料，运用这种统一化的教参教辅推荐平台，丰富了学生的教辅参考资料系统。“泛在智慧课堂”模式可以针对不同专业不同年级的学生，同时也根据学生选修的课程，推荐不同的符合学生个体需求的电子教辅资料，包括电子书、实体书、视频、音频等，同时这个平台也可以让学生自己定制个性化的界面，让学生通过个性化的页面进行学习和阅读。针对教师用户，该模式在时间上更加自由，高校教师可以随时随地查询课件和所需要的教学课程资料和参考书籍，服务十分专业且个性化。在管理和服务创新上，上海交通大学图书馆首先提出了图书馆 IC 理念并使用。读者用户的不同个性化需求之间也可以进行信息的共享，图书馆 IC 理念正是基于这种需求开通了信息共享空间，每个用户可以找到自己感兴趣的主题模块交流，这样既丰富了用户使用的空间，也可以实现功能互补和整体性的优化，升级了传统的单化服务模式。这种服务模式包括启迪创新、素养提升、创新支持计划和人文拓展计划等多种内容，人文拓展计划的目标是促进用户阅读习惯的养成，同时也可以弘扬优秀的文化，让更多的用户进行阅读交流，提升自我修养，促进校园良好风气的形成。而良好的校园文化建设又可以反过来促进学生和老师的文化修养，是一个良性循环的过程。这种创新发展有利于形成高效图书馆品牌文化，最终再次推动图书馆的发展。上海交通大学图书馆创新社区品牌有效地推广了图书馆的服务，也让图书馆的建设更加具有人文气息。

三、经验总结和启示

不论是南京大学的“智慧图书馆”服务还是上海交通大学的“泛在智慧课堂”模式，通过研究，都可以得到一些启示。在当今智慧服务的背景下，其他高校可以向这两所学校学习借鉴。

经过大量的调查和分析，目前国内高校图书馆的创新服务发展的障碍就是缺少自主创新和顶层设计，这也是很多行业发展遭遇“瓶颈”的关键因素。要克服这种障碍，就要坚持自主研发，加快创新发展，针对顶层设计也不要忽略，南京大学和上海交通大学的图书馆的成功正是基于此。同时，这两所高校的图书馆的发展理念与当代的智慧发展十分契合，积极创新，勇于尝试，在正确的发展理念引导下进行科学的创新发展。从这点可以得出，如果高校的图书馆想要以更加科学和创新的服务求发展，首先就要在观念上进行转变，形成科学合理的服务理念，并且不光是图书馆的管理层要有这种觉悟，还要让这种觉悟渗透到每一个图书馆人的思想上、行动上，最终形成一种个性化、主动化的氛围，一种乐于创新、勇于创新的环境，这样才能更好地展开工作。这点在上海交通大学的图书馆建设上十分突出，上海交通大学的图书馆之所以能够走在国内图书馆服务创新的前列，是因为在进行实际的创新实践过程中，上海交通大学的图书馆并没有急于进行实践，而是根据自身的情况先进行了整体的设计规划，并制定了相应的服务制度，逐渐形成一种完备的体系之后，再针对细节的服务进行规划，包括发展方向、服务宗旨、服务要求等，形成一种强大的服务理念指引，带领全体图书馆人员进行创新发展。

在形成了具体的服务创新体系之后，就要明确发展的战略规划，找出图书馆服务创新的具体方式方法，在这种方式方法的指引下，针对每一个服务细节进行创新和设计。上海交通大学的图书馆的未来发展战略“智慧泛在课堂”推动了更加智慧的学习环境的形成，也在国内催生了一种新的图书馆服务——学科专业服务的高校图书馆服务。

参考文献

[1]秦顺．面向一流高校建设的图书馆科研数据管理服务研究[D]．湘潭:湘潭大学,2020.

[2]徐建伟．我国高校图书馆数据素养教育问题及对策研究[D]．大连:辽宁师范大学,2020.

[3]詹婧,张仁琼．高校图书馆知识服务研究现状及主题演化分析[J]．图书馆工作与研究,2019(05):54－60.

[4]郭怡．大数据背景下高校阅读文化建构研究[D]．郑州:中原工学院,2019.

[5]姚远,徐世东,郝群,卢建秋．基于大数据的高校图书馆知识创新服务研究[J]．中国电化教育,2019(02):110－117.

[6]贾玉文,黄小淋,王康．大数据环境下国内图书馆服务研究热点及发展趋势[J]．新世纪图书馆,2019(01):49－55.

[7]杨昭．大数据时代高校图书馆世界一流学科评价服务研究[J]．图书与情报,2018(05):81－86.

[8]杨群,莫再峰,刁羽．大数据视角下高校图书馆智库型信息咨询服务模式浅析[J]．图书馆学研究,2018(12):68－73.

[9]张云．"双一流"背景下高校图书馆服务创新研究——基于"2017年中国高校图书馆发展论坛"获奖案例的分析[J]．国家图书馆学刊,2018,27(02):50－58.

[10]王欣,张冬梅．大数据环境下基于高校读者小数据的图书馆个性化智能服务研究[J]．情报理论与实践,2018,41(02):132－137.

[11]杨文建．大数据和"互联网＋"影响下高校图书馆信息服务转型研

究[J]. 图书馆工作与研究,2018(01):72－77.

[12]王波,吴汉华,宋姬芳,高冰洁,朱本军,朱强. 2016年高校图书馆发展概况[J]. 高校图书馆工作,2017,37(06):20－34.

[13]何波,章宏远,裴剑辉. 基于大数据的高校图书馆个性化服务研究[J]. 新世纪图书馆,2017(10):59－61＋80.

[14]肖欣伟,王晨,张凤荣. 基于大数据的高校图书馆学科服务平台的构建研究[J]. 情报科学,2017,35(06):34－38.

[15]张勇. 移动环境下高校图书馆知识生态系统服务模式研究[D]. 长春:吉林大学,2017.

[16]程聪聪. 大数据时代高校图书馆微服务研究[D]. 福州:福建师范大学,2017.

[17]柳益君,何胜,冯新翎,武群辉,熊太纯. 大数据挖掘在高校图书馆个性化服务中应用研究[J]. 图书馆工作与研究,2017(05):23－29.

[18]田磊. 大数据环境下高校图书馆知识服务模式研究[D]. 武汉:武汉大学,2017.

[19]张宏. 我国高校图书馆大数据研究现状分析[J]. 图书馆工作与研究,2016(07):46－50.

[20]张真. 数字环境下高校图书馆教育服务提升策略研究[D]. 杭州:杭州师范大学,2016.

[21]戴燕,刘利,潘颖. 高校图书馆核心业务与创新服务挖掘研究——以"985工程"高校图书馆网站的新闻内容为对象[J]. 大学图书馆学报,2016,34(03):59－68.

[22]李艳,吕鹏,李珑. 基于大数据挖掘与决策分析体系的高校图书馆个性化服务研究[J]. 图书情报知识,2016(02):60－68.

[23]何胜,熊太纯,周冰,柳益君,武群辉. 高校图书馆大数据服务现实困境与应用模式分析[J]. 图书情报工作,2015,59(22):50－55.

[24]王春华,李维,文庭孝. 我国图书情报领域大数据研究热点分析[J]. 图书情报知识,2015(04):82－89.

[25]陈宇磲．大数据背景下我国高校图书馆移动信息服务优化研究[D]．长春:吉林大学,2015.

[26]夏秀双．大数据环境下高校图书馆个性化信息服务研究[D]．曲阜:曲阜师范大学,2015.

[27]孟祥保,叶兰．首届全国高校图书馆服务创新案例大赛获奖案例的分析与思考[J]．图书情报工作,2015,59(03):42-49.

[28]李红霞,曾英姿．高校图书馆基于大数据的知识服务[J]．现代教育技术,2014,24(09):15-21.

[29]何建新．大数据时代高校图书馆的数字资源共享策略探讨[J]．现代情报,2014,34(09):101-104+110.

[30]钟声．大数据驱动的高校图书馆数据监护探究[J]．情报资料工作,2014(03):103-106.